ストレスゼロの生き方

［KIZUNA COMPACT］

心が軽くなる 100の習慣

Testosterone《テストステロン》

はじめに　の　はじめに

おう、お疲れ。俺だ。Testosteroneだ。

「この本のお陰で生きやすくなりました！」

「この本に出会って人生が変わりました！」

など、読者から圧倒的な支持を得ているこの本が発刊されてから、もうすぐ丸々4年が経過する。俺は今この原稿を書きながら、あれからもう4年も経つのかぁと、ものすごくエモい気持ちになっている。エモすぎて、しばらく連絡をとっていなかった当時の編集者さんになんの用事もないのに『元気？』とLINEしてしまった。しばらく待っても返事がなければスタンプを連打しようと思う（迷惑）。

それはさておき、この度、多くの読者の人生に好影響を与えたこの本を新たな読者層に届けるため、また、持ち運びしやすいサイズにして読者の皆さんの人生に寄り添えるようにするため、コンパクト化が決定すると共に、出版社から俺に新たに「はじめに」を書き下ろしてくれと依頼があった。もちろん快諾し、書き始めるにあたり、オリジナルの「はじめに」を読み直してみたのだが、完璧すぎて新たに書くことなんて何もないという結論に至った（笑）。

当然である。俺は、オリジナルの「はじめに」を書いたとき、めちゃめちゃこだわって何度も何度も書いては書き直し、時には書き上がったものをすべてボツにし、完成！　と思いきや「やっぱぱなんか違う……」とか言い出し、やっとの思いで書き上げたのがオリジナルの「はじめに」なのである。

ということで、オリジナルの「はじめに」の原文は保ちつつ、4年前から変わったところには二重線をして最新の情報を加え、加筆した箇所に関しては字体を変えるというスタイルでやらせていただこうと思う。

俺は今、4年前にこの「はじめに」を書いた自分を褒めてあげたい気持ちで胸がいっぱいである（自画自賛）。

はじめに
ストレスがゼロの人の頭の中

おう、お疲れ。俺だ。Testosterone（テストステロン）だ。……といっても、俺のことを知らない人もいるだろうから、まずは簡単に自己紹介させてくれ。

一言でいうと、

「日々の筋トレと筋トレ啓蒙活動を人生の主軸としながらまったく関係ない業界で社長業をしている変わったおっさん、啓蒙活動だけでは飽き足らず筋トレ／ダイエットアプリまで作ってしまった変わったおっさん」だ！

筋トレしてる時間が俺の人生の本番であって仕事は筋トレしてないときにしてるだけだからそこんとこよろしく頼む！（どっちでもいい）**（これは変わってない）**

なぜこんなわけのわからない感じに仕上がってしまったのか。それは恐らく俺の生い立ちに起因する。

俺は日本で生まれ、人生の大半を肥満児として過ごした（16歳のときに体重110キロ）。16歳で単身アメリカへ渡り筋トレに出会い、筋トレを始めて3年ほどで40キロの減量に成功し、肥満体を脱出。アメリカでは高校から大学までを過ごし、その間は勉学に励むかたわら、残った時間のすべてを筋トレと総合格闘技にそそいだ。

久々に日本に戻ってきてすぐに日本に筋トレが足りていないことに気づき、筋トレ啓蒙活動を開始。日本に戻ってきて間もなく、アジアのとある大都市に移住して社長業をするために必要最低限の中国語を短期で習得し海外に移住、異国の地で社長となる。

ツイッターでフォローしてくれている人は知っていると思うけど、いろいろあって社長の座を失い、いろいろあって~~社長に返り咲く（↑new）~~。**社長の座に返り咲き、またいろいろあって社長の座を失い、そしてまた返り咲いた（↑new）**

筋トレの啓蒙活動はその間も続き、**いままでに筋トレに関する著書を~~十数冊~~二十冊近く執筆（累計~~50~~100万部突破）、筋トレ啓蒙活動の主戦場であるツイッターのフォロワー数は~~86~~200万人を突破**（~~2019年9月執筆時~~2023年5月執筆時）といった感じのなかなかユニークな人生だ。

肥満児もやったし**（健康を害すほどの肥満はよくないと思うけど、肥満体を悪いもの・**

美しくないものだと言ってるわけじゃないので、そこんとこよろしく！）、海外でマイノリティーもやったし、海外に出てからは何があっても頼れるのは自分だけだったし、荒々しいスポーツに青春を捧げたし、大学でメッチャ勉強したし、異国の地で会社経営もした。

自分で自分のことをインフルエンサー（SNSの登場によって生まれた、影響力の強い一般人のこと）というのはあまり好きではないのだけれどインフルエンサーと呼ばれることもあるし、著書を~~10冊以上~~**20冊近く**執筆しているので「先生」と呼ばれることもある（キメ顔）。人生を通して本当にさまざまなことを経験してきた（淡い恋愛とモテた経験だけが欠落している）**（とても悲しいですが更新中）**。

自分でいうのもなんだが、ユニークな人生を送ってきた分、俺の考え方もまあまあユニークだ。そして、その考え方が、ストレス社会と呼ばれるいまの生きづらい日本においてメッチャ役に立ちそうなのだ。

突然だが、俺にはストレスがない。

そりゃたまにイラっとすることや悲しくなることはあるが、そんなことは稀《まれ》でストレスがほぼないのだ。人間関係に気をもむこともないし、仕事でイライラすることもないし、他人にどう思われようと気にならないし、我慢もしないし、まーとにかくストレスがない。日常ではもちろん、ＳＮＳでもそれは変わらない。ストレスフルで知られるツイッターを~~5年以上~~10年近くやっていて、フォロワーもそこそこ多いが、**ツイッターがストレスになったこともなければツイッターをやめようと思ったことなど一度もない。**

社長業もやっているのでそれなりに仕事は多いし、頭を悩ませる案件も何個か抱えているし、煩《わずら》わしい人間関係だってある。それと並行して筋トレ啓蒙活動並びに執筆活動もしているのでまあまあ忙しい。

が、ストレスがない。

（とても嬉しいことにこちらも更新中です）

なんて便利な脳みそだろうか。俺自身は何も意識してないし、メンタルコントロールの類《たぐい》もやっていないのに、ストレスがまったく生まれない。

これは、俺の考え方を言語化して皆さんとシェアしたほうがいいんじゃないか⁉　シェアしたらみんなも少しは生きるのが楽になるんじゃないか⁉　シェアするのが俺の使命なんじゃないか⁉　ということで、俺の頭の中がどうなっているのか説明するためにこの本を書いた。

ただ、考え方に正解なんてない。「自分に合うなぁ」と思う考え方だけ自由に取り入れてくれたらいいと俺は思っている。

それに、あなたのメンタルの状態によっては、俺のいっていることで苦しくなってしまうこともあるだろう。そういうときは「け！　こいつは何をいってんだ！　ちげーよ！」と思って無視してもらって構わない。

考え方なんてのは自分の人生をより良く、生きやすくするためにあるもんだから、自分に合ったものをチョイスしていけばいい。

そういうスタンスで気楽に読んでもらって、いまのあなたがピンときたものから実践してもらい、少しでもあなたのストレスが減るのであれば俺はすごくうれしい。

さて、始めようか。

CONTENTS

第1章　やめる

第2章 捨てる

第3章 逃げる

第4章 受け入れる

第5章 貫く

第6章 決める

第7章 筋トレする

本作品は２０１９年11月に小社から出版されました

第1章

やめる

やめたら負け、やめるのは悪いことみたいなイメージがあるだろうがとんでもない。やめるべきだと思うならズルズル続けてないでいますぐやめろ。やめることは立派な意思決定であり行動だ。堂々とやめたらいい。やめることをやるんだよ。やめないと次に行けない。やめることは始めることの第一歩目でもある。さあ、やめよう。

01

社会の用意したモノサシを使うのを、やめる

あなたが本当にやりたいことや向いていることが、いまの社会では高収入とか安定とか、高い地位とか、そういうものに結びつきにくいことがある。

たとえば、あなたがだれよりもラッコを愛していて、ラッコの飼育をしているときが最高に幸せで、ラッコからも愛される天才的な飼育員だとしたら、世間一般でイメージされている「成功者」になるのは難しいかもしれない（いまなら人気ユーチューバーやインスタグラマー――になれるかもな！）。

でも、**それならそれでいいいじゃないか。**お金がたくさんあるとか、社会的地位が高いとか、結婚して子どもをもうけて家庭を築くのが普通だとか、そういうのは時代と社会が勝手に決めた幸せのかたちだ。覚えておいてほしい。**幸せのかたちは決して1つではない。**

あなたにはあなたの幸せがあるのだ。

もちろん、よく考えてみて「やっぱりお金がほしい」「やっぱり結婚して家庭を築きたい」ということなら、それは自分の中で折り合いをつけるべきだが、「そんなにお金いらないな」「別に結婚しなくてもいいや」という考えなら、そういう一般的な幸せをあきらめて自分自身のやりたいこと、楽しいことを追求していくのも1つの立派な生き方だ。

そういう決定を下すと、親やお節介焼きな人間がとやかくいってくることもあるが、そんなのは無視でいい。考えてもみてくれ。

「お金を稼がないと幸せになれない」「大企業で働かないと幸せになれない」「結婚しないと幸せになれない」「子どもをつくらないと幸せになれない」

こんなもん、「我々の推奨する神様を信じないと幸せになれない」とかいってるどっかの宗教団体と一緒だろ？　他人に自分の幸せの価値観を押しつけてくる奴なんてみんな宗教の勧誘ぐらいに思っときゃいいよ。

世間体なんて関係ない。あなたが幸せならOKです。自分のモノサシを信用せず、社会のモノサシを使おうとするから苦しくなる。自分だけのモノサシを持とう。

02

「コントロールできないこと」で悩むのを、やめる

もしもあなたが何か問題を抱えているなら、「この問題は自分にコントロールできるものか?」と自分に問いかけてみよう。

もしそれが自分ではコントロールできない問題なら、いくら考えても仕方がないからいますぐに考えるのをやめちゃおう。

自分のコントロール外にある問題で悩んでも絶対に解決策が見つかることはない。心の負担になるだけだ。

世の中にはけっこうどうにもならないことがある。

才能、環境、他人の反応、評価、行動、言動、天候、自然災害等は、あなたがどれだけ努力してもコントロールできないものだ。そういうことで悩んでいると、もっと不安になったりイライラするだけだ。

そういうときは、潔《いさぎよ》く状況を受け入れ、あきらめることも大切だ。なんでもかんでもがんばれば解決できるわけじゃない。

あきらめると聞くとイメージが悪いかもしれない。

でもね、あきらめる部分はあきらめるからこそ己が本当に注力すべき問題に全力を注げるんだ。いわゆる選択と集中ってやつ。

〝あきらめる〟とは、言い換えれば**無駄な努力はやめて実る努力をしましょうや**ってこと。

後ろ向きにあきらめるんじゃない。前向きにあきらめろ。

03

モチベーションを保とうとするのを、やめる

努力しようとしてもモチベーションが保てず続かないことがあるだろう。俺もよく「やる気が出ないんですけどどうしたらいいですか?」という相談を受ける。

冷たい言い方になってしまうが、俺はそんなとき「**やる気が出ないならやらなければいいんじゃない?**」と答えている。モチベーションが保てないということは、それはあなたが心からやりたいと思っていることじゃないのだからやめたらいい。人生は短い。やりたくないことを無理してやっている時間なんてない。

そもそも、モチベーションが保てないなんてのはおかしな話だ。「目標達成したい」という気持ちと「楽してダラダラしたい」という気持ち、どちらが強いかだけのシンプルな話だろ。

モチベーションが保てないということは、それだけ本気で達成したいと思える目標に出会えていない証拠だ。どうしても成し遂げたい目標を見つけたら、人に止められようとその目標に向かって突き進むはずだ。

モチベーションを保つための方法を考えなきゃいけないのなら、そもそもあなたが持っている目標・行動が本当にやりたいことなのかを考え直してみる良い機会だ。別に成し遂げたくもない目標のための努力なんて、そんなもんモチベーションが保てるわけがない。

持論だが、**モチベーションが維持できるか否かは、「何をやるか」を選んだ時点で9割決まっている。**

まあ、ただ、だれしも簡単に目標が見つかるわけじゃないよな。それに、学業とか、就活とか、資格や語学の勉強、転職活動のように目標が明確じゃなくてもがんばらないといけないこともある。

そんなときはモチベーションの有無なんて関係なしに機械のごとくとにかくやれ。残念ながらそれ以外に方法はない。覚悟を決めてマシーンになれ。未来に楽をするためにいま苦労しとけ。

04

心配を、やめる

心配すんな。

起こるかどうかもわからない未来の出来事にいまのあなたの心の平穏を荒らさせるな。時間の無駄だ。心に多大なストレスもかかる。未来に起こる出来事なんていくら考えたってわからないから考えても意味がないよ。

人間は未知のことに不安を覚える。未来は未知だ。未来のことを考えたら不安になって当然だ。人生はただでさえ問題だらけなのだから、まだ起きてもいない、起きないかもしれない問題を頭の中で勝手に創り出してストレスを溜めるのはやめよう。寿命が縮んじゃうよ。

心配は何も解決しない。**心配することによって取り除かれるのは未来の問題ではなく現**

在の心の平穏だけだ。

心配し始めるとキリがないぞ。やることやったら、あとは心配したってなるようにしかならん。気楽にいこうぜ。

心配とは存在しない敵を脳内で創り出し、その敵に己の時間を奪う権限と、多大な心理的ダメージを与える権限を与える愚かな行為だ。

心配すんな。いまを楽しめ。

未来がどうなるかなんて心配してる暇があったら、未来はこうするぞと希望を抱け。そっちのほうが楽しい。

05

理不尽を受け入れるのを、やめる

生きていると、理不尽な理由でなぜか自分が怒られたり責められたりすることがある。たまたま上司の機嫌が悪いとか、運悪くクレーマーに遭遇してしまったとか、そういう理不尽な出来事が起こるのは珍しいことじゃない。

そういうときは気にしないことが一番だ。

もうね、**交通事故に遭ったとでも思って開き直るしかない。**何をどう考えても自分に非がないと思えるなら堂々と開き直りゃいい。

人間の不機嫌さや怒りの爆発なんて時限爆弾みたいなもんだ。怒りが積もりに積もって頂点に達したときに運悪くその人と接している人が餌食《えじき》となる。そういうことが起きるたびに悲しんだり怒ったりしていたら精神がもたない。

そして、真面目で優しい人はやってしまいがちだが、間違っても「自分が悪いのかな……」「自分にも責任があるのかな……」などと自分を責めてはいけない。あなたの大事な自尊心が傷ついてしまう。

でもまあ、上司やお客さんにデカい態度を取るわけにもいかないわな。

そんなときは、**表面上は反省したふりをしつつ、心の中であっかんべーして中指を立ててやればいい。**それぐらいの気持ちの余裕を持って生きよう。

06

夢を持つのを、やめる

「自分だけの夢を持て」と、多くの人がいう。

たしかに夢は大事だ。夢っていうのは自分が目指すゴールだから、それが明確になれば最短距離で一直線に突き進める。何より、自分が本当に目指したい夢を見つけられれば、人生が楽しくなるし、日々が充実する。

でも実際のところ「君の夢はなんだ?」と問われて答えられる人はかなり少ないのではないだろうか。むしろ「自分のやりたいことがわからない」「いまの仕事が天職じゃない感覚はあるけど、だからといってやりたい仕事があるわけじゃない」と考えて苦しんでいる人が多いように思う。

こんなふうに、〝**夢の呪縛**〟にかかっている人はたくさんいる。夢を持つことが神格化されすぎているからだ。〝夢〟は人生を豊かにするためにあるのに、〝夢〟のせいで苦しんでいたら本末転倒だ。

夢がなくて苦しんでいるそこのあなた、安心してよ。**夢なんて無理に持たなくてもいいし急いで探さなくてもいい。**

そもそも、夢なんてそんな簡単に見つかるものじゃない。夢なんて大それたものじゃなくても、自分の興味のあることを勉強してみたり、楽しいなと感じることをやってみたり、その瞬間瞬間を楽しむこともまた人生だ。

夢に向かって一直線で生きる必要なんてない。寄り道こそが人生を豊かにする。そうだろう？

いろんなことを経験するうちに**「あれ？　これ、もしかしたら人生賭けてやりたいかも」**ってことに嫌でも出会う日がくるから焦らなくていい。「あれ？　やっぱ違うな」って経験も何度もするだろう。

それでいいんだよ。人生は冒険なのだから迷って当然。夢の呪縛から解き放たれて、いまこの瞬間を楽しもう。冒険を楽しもう。

07

悲観するのを、やめる

悪い出来事が立て続けに起きると「もうダメ……」とか「自分は本当に不運だ……」などと感じて、つい投げやりになってしまうこともあるだろうが、まあ落ち着け。

悪いことっていうのは基本的に一気に起きるもんだ。たとえば病気になれば通院費がかかり、長引けば職を失う。職を失えば収入がなくなり、自暴自棄になり、体調も気分も最悪、性格も暗くなってしまい、恋人や友人まで失うかもしれない。負の出来事ってのは連鎖するんだ。

悪い出来事の連鎖は自分では防げないかもしれないが、それに対する自分の心構えは常に自分にコントロール権がある。

「私はもうダメだ……」と悲観的になってしまえば負の連鎖はとどまるところを知らず、

あなたをどん底まで引きずり下ろすだろう。

逆に、**「悪いことは一気に起こるもんだ。全員まとめてぶっ潰してやるからかかってこい」**という心構えでいれば、少なくとも精神がやられることはない。悪いことは連鎖すると最初から覚悟しておけば、衝撃に耐えられるのだ。

それに、じつは良い出来事も「おいおい嘘だろ……」ってくらい立て続けに起きるもんだ。エビデンスも何もなくて申し訳ないのだが、人生には流れってもんがある。負の連鎖があるんだから、正の連鎖だってあって当然だ。勝つときはとことん勝つのだ。だから人生はおもしろい。

いまがどれだけ辛くても、今後もずっと不幸だなんて思うなよ。いまがダメでも希望を捨てず前向いて生きてりゃ幸せを感じられるときが必ず来る。あきらめなくて良かったと思えるときが必ず来る。

思い詰めるな。焦らずゆっくり前向こう。

08

うまくいって当然と思うのを、やめる

何かに挑戦して、うまくいかなくて、ショックを受けたり、挫折《ざせつ》してしまったりする人がいる。

俺からすれば**「いや、一発目でうまくいくわけないじゃん」**である。残念ながら、この世の中で何もかもすべて思い通りにことが運ぶなんてことはまずありえない。うまくいかなくて当然なのだ。

多くの人が勘違いしているが、**挑戦はスタートラインであってゴールではない。**挑戦して、失敗して、やっとスタートラインから少し前に進んだところって感じだ。

思い通りにならないところを試行錯誤してクリアしていくことこそが挑戦の醍醐《だいご》味《み》で、思い通りにならないことをそうやって成し遂げるからこそ成功には大きな価値があるわけだ。

だれがやっても絶対にうまくいくことをやったって大した価値はない。そうだろう？一度や二度の失敗でいちいちうろたえるな。

これは「どうせうまくいかないや」と投げやりに挑戦しろって意味じゃないからな。失敗しようともどんな問題があろうとも「想定の範囲内です」といえるぐらいの余裕と覚悟を持って臨めということだ。

簡単にはうまくいかないことを想定した上で、それでも自分ならなんとか打開できると信じて突き進むのだ。

09

すべての人とわかり合えると思うのを、やめる

世の中にはどうしても「話の通じない人間」ってのがいる。

「真摯《しんし》に話をすればわかり合えるはず」と考えるのは素敵だが、その考えだと話の通じない人間に出会ったときに多大な心理的ストレスを受けるハメになる。

真面目で優しい人ほどこの罠にはまってしまうので要注意だ。**「世の中には話のわからない人間がいる」**と認識しておこう。

わかり合うには双方の歩み寄りが重要なんだが、片一方に歩み寄る気がないならどうしようもない。わかり合う気なんてこれっぽっちもない、自分の主張を通すことだけしか考えてない人間は、悲しいかな存在する。

そういう人間に出会ったらまともな話し合いはあきらめろ。そういう奴らと真面目に話

し合っていると気が狂ってしまう。

話が通じない相手というのは地震とか台風みたいなもん。出会ったら運が悪かったと思ってやり過ごすのが一番だ。

実際、人間関係でストレスを溜めない人間、感情がブレない人は、話が通じなさそうな人間と意思疎通をするのをあきらめるスピードが超早い。「あ、この人は話が通じないな」と思うと2秒であきらめて感情オフモードに入る（職場なら感情オフ、プライベートなら立ち去る）。

真面目な人に限って、そういう相手にもきちんと説明して、納得してもらおうとするから、体力も精神力もゴッソリもっていかれてしまう。

わかり合おうとするの、やめちゃっていいんですよ。私が許可します。

10 嫌われたくないと思うのを、やめる

「だれにも嫌われたくない」と思っていろんな人に気を遣い、ストレスを溜めてしまっていないだろうか？

もちろん、だれに対しても分け隔《へだ》てなく接し、会う人会う人に嫌われないよう配慮することはとても素敵なことだ。

だが、他人からの好感度を過剰に気にするのは違う。

「私は私のベストを尽くす。それで他人に嫌われるのなら仕方がない」という清々《すがすが》しい気持ちを持ち合わせてないと、あなたは人間関係に心底疲れてしまうことになる。というのも、だれからも嫌われないなんて芸当は不可能だからだ。

不可能なことに挑戦したら失敗の連続だからそりゃ辛い。完璧な人間が演じられたとし

よう。だが、世の中には「みんなに好かれている人が嫌い」っていう、ひねくれた人間もけっこういる。

「『嫌われてもいい』って考えを持っている人が嫌い」って人もいるし、「みんなに好かれようとしている八方美人な人が嫌い」って人もいる。自信満々な人が嫌いな人もいるし、自信がない人が嫌いな人もいる。

これぱっかりは仕方がない。総理大臣だろうがアイドルだろうが俳優だろうが、必ず誰かには嫌われる。**人畜無害で可愛らしい赤ちゃんですら嫌いな人がいるのだからお手上げだ。**何をしたって、何もしなくたって絶対にこの世のだれかには嫌われるんだから、もう「だれにも嫌われない」なんていう無理ゲーはやめよう。

ただ、じつは、「だれにも嫌われない方法」っていうのが1つだけある。みんなから「どうでもいい存在」だと思われれば、だれからも好かれないし、だれからも嫌われない存在になれる。存在しているのかしていないのかよくわからないような人間だ。

俺は、それになるぐらいなら、存在して嫌われたほうがマシだと思って生きている。

11

ウソを、やめる

ウソをつくな。自分に対しても他人に対してもだ。ズルやごまかしもするな。清く正しく生きることは人生の最強戦略だ。

もちろん、正直すぎると損をして面倒なことに巻き込まれることもあるだろう。そういうとき、適当にウソをついたり、ごまかしたりしてうまくやっている奴を見ると羨ましく感じることもあるかもしれない。

だが保証しよう。**清く正しく生き、自分にも他人にもウソをつかないことを心がけて生活していると絶対に後悔のない、ストレスのない人生が送れる。**

ちょっとした小さなウソをつくだけでも心に引っかかりを感じたり罪悪感を抱いたりするだろ？　ウソのつじつまを合わせるために労力も使う。ウソをつかなくなるとそういう心のざわつきがなくなるから、いつだって精神が平穏になるし、自分の言動に自信が持てるようになる。

ウソがつきたくなったり、ズルがしたくなったりすることもある。気持ちはわかる。だが、自暴自棄になって親に顔向けできないようなウソをついたり、人様に迷惑をかけるようなズルいことはするな。

保証する。**自分に恥じない生き方をしていれば必ず人生は好転する。**

逆に、ウソやズルに逃げたが最後、人生は一気に転落するよ。これも保証する。

12 全力投球を、やめる

「サボる」と聞くと悪いイメージを持つかもしれないが、**サボる技術は超大切だ。**成功する人は皆サボるのがうまい。サボるべきときにサボるから病気や怪我をしないで継続できる。そして、継続は成功の絶対条件だ。

ただし、これはサボりまくれって話じゃないから勘違いしないでほしい。

自分の限界を的確に見極めてがんばりつつも、心身ぶっ壊れる手前のサボるべきときはサボれって話だ。

サボる＝悪と考え、すべての物事に全力で打ち込んでいると心や体にガタがくる。人間は思っている以上に脆《もろ》い生き物なんだ。だから、上手にサボろう。

そもそも**「サボるのがうまい＝優先順位の付け方がうまい＝仕事ができる」**といっても

過言ではない。うまくサボるには手を抜くべきではない箇所と、手を抜いてもいい箇所を見極める能力が必須になる。

たとえば、プレゼンテーションで使用するパワーポイントでもっとも大切なのは結論とそれを裏付けるデータなのに、優先順位をつけられない人は必死で見栄えにもこだわり、残業をする。

サボるのが上手な人は見栄えには最低限の仕事を施し、結論とデータに重点的に時間を使う。所要時間は前者のほうが長いだろうが、後者のほうが有効なプレゼンテーションとなるだろう。

優先順位を見抜く目を鍛え、こだわるべきところは徹底的にこだわり、サボるべきときは徹底的にサボれ。

13

自分と他人を比べるのを、やめる

自分と他人を比べるな。上を見ても下を見ても不幸な結果しか待っていない。

自分より優秀な人間を見て劣等感を抱いていると自尊心が傷つく。世界を見渡せば自分よりすごい奴が必ずいるんだから、そんなことをしていたら今後の人生ずっと劣等感を抱えたまま生きることになる。

逆に、自分より劣っている人間を見下して得られる優越感なんて、まったくなんの価値もない。**「まだまだ自分よりダメな人間がいるから安心だ」なんて考え方は腐っている。**下を見て安心していては向上心が薄れてしまう。すぐにでも捨てよう。

比べるべき唯一の相手は過去の自分自身だ。たとえば**昨日の自分、1ヶ月前の自分、半年前の自分、1年前の自分と競ってみたとき、過去の自分に負けない自信はあるだろうか？**

日々努力したり挑戦したりしている人間なら、その分だけ成長しているはずだから過去の自分に負けることはない。

他人に負けるのは仕方がない部分もある。才能も違えば費やしてきた時間も違うし、勝負には運の要素もある。だが、自分に負けるのは怠慢だ。

成長とは選択である。そして、成長を続けている限り過去の自分に負けることはない。過去の自分に負けるということは、あなたが負けることを選択しているということなのだ。負けるのを選択するのはマズいよな。もしも過去の自分に勝てる自信がないのなら焦ったほうがいい。

昨日までの自分を超えろ。少しずつでもいいから確実に成長を重ねていけ。他人と比べず己の成長のみにフォーカスするのだ。

14

許可を求めるのを、やめる

人生において大事な決断をするときは「○○してもいいですか？」と、他人に許可を求めるな。**「○○します」**と宣言しろ。

それでも他人にゴチャゴチャいわれたときは「あなたが私の人生の責任取ってくれるの？そうじゃないなら黙ってて」に尽きる。

一番責任を負う奴が進路を決める。当然のことだ。

人生の決断において自分以上に責任を負う他人なんて存在しない。だから、決断する権利はいつだってあなたにある。

自分の進みたい道に進めばいい。他人に直接の迷惑をかける場合をのぞき、あなたがしたいことをするのに他人の許可なんてものは必要ない。

自分の本心を曲げて他人の意見を聞き入れた瞬間に「〇〇がこうしろといった」「自分は別の道に進みたかった」という言い訳が生まれる。**決断ってのは己の心に従って自分でするからそこに責任と覚悟が生まれるんだ。**他人に流されてした決断なんてのはたいていうまくいかない。

大事なことを決めるときは他人にとやかくいわせるな。すべての責任を自分で取る覚悟が決まったら、あとは宣言して、突っ走れ。

ちなみに、他人の意見に従って失敗しても、それは他人の意見を聞くと決めたあなた自身の責任だからな。だったら自分の心に従って選んだ道で失敗するほうが100倍良いしスッキリあきらめがつくってもんだ。

他人の意見に従おうが、己の心に従おうが、責任を取れるのは自分だけ。

これを忘れるな。

15

無駄な努力を、やめる

報われない努力はない。正しい努力をすれば人はだれしも必ず成長する。

が、**間違った努力はある。**

間違った努力は努力とはいえない。努力に見える別の何かだ。残酷だが、どれだけがんばっても間違った努力が報われることはない。いわゆる「無駄な努力」ってやつだ。せっかく努力するならしっかり頭を使って正しい努力をしよう。

無駄な努力をやめることは、じつは想像以上に重要だ。無駄な努力をそれと気づかずに続けてしまうと、脳が「努力＝無駄」と認識するようになってしまう。そうすると、「努力してもどうせ無駄でしょ」と考えて、人生において努力することそのものをやめてしまう。これは、とても大きな損失になる。

もし、あなたもそう考えているなら、**報われやすい正しい努力を通して自分の成長を実感する成功体験を重ねよう。**

ちなみに、俺のお勧めは筋トレだ。筋肉は絶対に努力を裏切らない。報われる正しい努力を通して成長が実感できると、「努力＝楽しくて有益」だと脳に再認識させることができる。

努力が楽しく感じたらこっちのもんだ。あなたの能力は努力によって開花し、人生が一気に拓《ひら》けていくだろう。

もちろん、すべての努力はあなたの血肉となるので完全に無駄な努力なんてものは存在しない。たとえば、無駄な努力も存在すると心から理解するためには無駄な努力を経験する必要がある。人は経験と失敗から学ぶ生き物だからだ。

無駄な努力を通して自分の得意不得意が学べることもあるだろう。だが、それを何年も継続してしまってはさすがにもったいない。

無駄な努力は最小限にとどめよう。

16

お人好しを、やめる

人に親切にするのは大切だ。

だが、悲しいかな、世の中にはそうした親切心を〝弱さ〟と勘違いして、そこにつけ込んで利用しようとしてくる人間が山ほどいる。

そういう人間は、あなたの親切心を利用して、その人のメリットにしかならないことにあなたの時間や労力を利用しようとしてくる。もちろん、あなたの都合なんておかまいなしにだ。

「これもやってくれ」「あれもやってほしい」など、一度でも相手の要求を受け入れてしまうと相手はあなたを〝都合のいい人〟と認識し、だんだん要求がエスカレートしてきてしまう。

ハッキリといっておこう。**〝親切な良い人〟と〝都合のいい人〟はまったくの別物だ。**

都合のいい人になってしまうと自分の時間がなくなってしまう。あなたにはあなたの人生をより幸せなものにしていくというミッションがあるのに、その時間を第三者に奪われてしまう。

都合のいい人になるのはやめよう。

自分がやりたくないなら、キッパリ「嫌だ」といおう。

頼みごとを断ることは失礼なことでもなんでもない。むしろ、失礼なのは断りたくなるような頼みごとをしてくる連中のほうだ。気にせずに断りまくったらいい。

相手があなたの気持ちをくみ取ってくれることなんてまずないし、だれか第三者が助け舟を出してくれることだってない。

自分の身は自分で守れ。さあ、断ろう。

17

他人に期待するのを、やめる

人間関係でイライラしてしまう人にイライラを一発で止める方法を教えよう。その方法とはズバリ、他人に期待するのをやめることだ。

すべてのイライラは期待から生まれる。

「こうしてほしいな」っていう期待だったり、「こうあるべきだ」っていう期待をして他人がその期待に応えないとイライラする。

いっておくが、他人は期待する対象としては最悪の存在だ。絶対にコントロールできないし、だれでも自分が一番可愛いから、あなたの期待通りに動くことなんてほぼない。人間はだれしも己のために動く。

よって、他人に期待しているといつか期待を裏切られることは目に見えている。

他人に期待するということは、絶対に負けるとわかっているゲームに参加するということなのだ。

他人に期待するのをやめるとメンタルが超安定するよ。他人への過度な期待をやめ、自分のことは自分で解決すると決めると人生が生きやすくなる。

世間にいる怒らない人は、優しいんじゃなくて「他人に期待してない人」だ。期待してないから失望することもなければ怒りが発生することもない。彼、彼女らはすべての失望が期待から生まれることを知っているし、他人は絶対にコントロールできないので期待がすべて叶えられることなんてないことも知っている。

勘違いしないでほしいが、人を信じるな、人に絶望しろといっているわけじゃない。信じたっていい。もちろん人を好きになったっていい。

だが、他人が自分の思い通りに動くと思うな、という話だ。

18

深い人間関係を築くのを、やめる

人間関係において、俺が意識していることがある。特定の個人と深すぎるつながりを持たないようにする、ということだ。それなりの距離感を保つことを意識していると言い換えてもいい。

ひとりの人間との関係があまりにも深いと、相手の汚い部分、嫌いな部分がどうしても目についてしまう。キレイなものは、遠くにあるからキレイなのだ。

また、関係が深すぎると利害関係も複雑になる。深すぎる関係性は、たとえば同じ船に乗っていると例えることができる。

船が沈没しかけたら、どうなるだろうか？　だれだって自分の命が一番大切だ、あなたを押しのけてでも我先にと船から脱出しようとするだろう。逆に、適度な距離感を保てている場合、すなわちお互い別の船に乗っている状態ならどうだろう？　なんの躊躇《ちゅうちょ》もなく、相手に救いの手を差し伸べることができるだろう。そう、**人生の窮地に陥《おちい》ったとき、頼れるのは適度にゆるく浅い関係だったりするのだ。**

俺がちょうどいいと思うのは、同じ志を持っていて尊敬できる人たちと、年に何回かし か会わない、しかし会うときは有意義で熱い話のできる、そういった人間関係をたくさん持つことだ。

そのほうが利害関係の不一致が生まれにくいし、自分の動きを抑圧するしがらみが生まれることもなくなる。何より、相手の悪い部分が見えてこないから、ずっと相手を好きでいられる。

勘違いしないでほしいのだが、俺は人間が好きだ。大好きだ。だが、それと同時にすべての人間は己の幸せを最優先で生きるべきだとも思っている。

己の幸せを第一にすれば、利害の不一致が避けられないときもあるだろう。だからこそ、**適度な距離感を持つことで、互いをずっと好きでいられる状態が保たれる**と考えている。深い、本当に深い人間関係は家族と親友が数人いれば十分だ。

19

見返りを求めるのを、やめる

見返りを求めて行動するな。「私がこうしたから、あなたはこうするべき」という考えを捨てろ。あなたが何をしようと、他人に義務は発生しない。あとからゴチャゴチャいわなくてもいいように見返りがなくてもいいと思えるときのみ行動しろ。

「私はあのとき○○してあげたのに」とか「私は普段こんなにしてあげてるのに」とか、恩着せがましいことをいわれて嫌な経験をしたことがあなたにもあるだろう。いう側になってしまったこともあるはずだ。

お互いに相手のことを思っていたはずなのに、最初はただただ相手に親切にしてあげたい、相手を助けてあげたいという気持ちだったはずなのに、いつしか見返りを求めるようになってしまい、相手に見返りを求めたが最後、いうほうもいわれるほうも不幸になってしまう。

そんな不幸に陥りたくなければ、**すべての行動はエゴだと覚えておこう。**だれかのためにと思って取った行動も、結局は自分を犠牲にしてだれかのために何かしたいという己の欲望を叶えているにすぎない。

そこさえ認識しておけば恩着せがましい言葉は出てこないはずだ。見返りがなくても納得できる無理のない範囲で他人に親切にすればいいし、見返りを求めての行動であるならそれはもう投資案件だ。

あなたは自己判断であなたの時間を他人に投資したんだ。他人が期待してた見返りをくれないからって文句をいえる立場じゃない。たとえ投資に失敗したとしてもそれは完全なる自己責任なので他人に恩着せがましいことという資格はない。

自分の周りの人たちを幸せにしたいならまずは自分を幸せな状態に保つことだ。

自分という器に幸せが満ち溢《あふ》れてないと、他人の器に幸せのおすそ分けはできない。自分を犠牲にしてまで他人に良くするな。無理をするな。見返りがないとやりたくないような親切ならしなくていい。

20

相手の期待に応えるのを、やめる

「あなたにはガッカリだ」「失望した」

「自己チューだ」「それは単なるワガママだろ」

自分の考えに素直に従って行動していると、ちょいちょい、こういうことをいってくる奴が現れる。

でも、「ガッカリした」「失望した」「自己チューだ」「ワガママだ」という言葉は「あなたが私の思い通りに動いてくれないことが気に食わない」の言い換えだからまったく気にする必要はない。

他人が自分の思い通りに動くと思っているなんて、何様のつもりなのだろうか。しかも、「ガッカリした」「失望した」「自己チューだ」「ワガママだ」という言葉を使えば他人に心理的ダメージを与えることができて、自分が優位に立てることを知った上で、そういったことをいってくる。そんな奴らの言葉は無視してOKだ。別にあなたは、だれかの操り人形になるために生きているわけじゃないだろう。

断言しよう（自分、断言したがりで今後も断言しまくるのでよろしくお願いします！）。

あなたには他人の期待に応える義務などない。

そういう人間は勝手にあなたに期待して勝手に失望しているだけなのに、さもあなたが悪いかのようにその原因をあなたに押しつけてくる。そういうときは、**「そうですか、それは大変ですね。ほな、さいなら」**くらいのスタンスでいたらいい。そんなことでいちいち落ち込んで時間やエネルギーを浪費していたら損でしかない。あなたにはあなたの人生があって、他人には他人の人生がある。自分の行動はすべて自分で決めていい。自分の行動の責任が取れるのは自分だけなのだから、決定権は100％あなたにある。

「あなたの期待なんて知りませんよ。私もあなたに何も求めませんから、あなたも私に何も求めないでください。お互い好きなようにやりましょう」

これでいいんだよ。自己チュー？　ワガママ？　褒め言葉じゃん！

21

過去の自分に縛られるのを、やめる

自分の考えや発言が変わるのは当たり前だ。人は常に成長している。**発言が変わることは恥ずべきことでもなんでもない。**学び、成長し、新たな考えにたどり着く、これほど自然なことがあるか？

「仕事こそ人生」と考えていた人が「プライベートの充足こそが人生を楽しむカギ」と思うようになるかもしれない。

あるいは、「SNSなんて流行らないよ」と発言していた人が1年後には「SNSこそが次の時代を創る」ということを提唱しているかもしれない。

心理学では「一貫性の原理」とか「認知的不協和」という言葉があるが、人は過去の自分の考えや発言と現在の行動が一貫していないと居心地の悪さを感じる。自分の過去の考えや発言が呪いのようにいまの自分を縛るわけだ。

でも、**過去の自分の考えや発言にとらわれて新しい一歩が踏み出せず、それでストレスを抱えるほどアホらしいことはない。**

過去の自分の考えや発言を撤回するのは、過去の自分を否定するようで確かにちょっと気が引けるかもしれない。それに、周りからは「前にいってたことと違うじゃん！」とツッコミが入るだろう。

だが、そんな批判は的外れなので無視してOK。さっきもいったが、生きて成長してりゃ考えは変わって当然、とても健全なことだ。

「いろいろ学び経験した結果、考えが変わりました！　過去の自分は未熟でした！」と認めて堂々と新たな発言をすればいい。

人生において正解なんてない。立場が変われば正解も変わる。正解なんてない以上、俺たちはいま自分がベストだと思っている考えを発言するしかない。

ベストは時の流れとともに常に変わるものなので、撤回して良し。

22

欲望を抑え込むのを、やめる

金持ちになりたいとか、モテたいとか、偉くなりたいとか、人から尊敬されたいとか、いい車に乗りたいとか、そういう欲望があるなら大切にしろ。

欲を持つことが恥ずかしいとか、自分の欲望に従って動くのがなんだかカッコ悪いみたいな風潮があるが、何もカッコ悪いことなんてない。

私利私欲、最高じゃないか。私利私欲のためにがんばればそれが世のため人のためになるから問題ないよ。

金を稼いで使えば経済が回る。モテようと思ってがんばってせっせとデートや合コンに行けばファッション業界や飲食業界が潤う。人から尊敬されるということはそれだけ周囲に良い影響を与えているということだ。

私利私欲を追えばそれが勝手に社会のためになる。それに、欲こそ人生における最大のモチベーション材料の1つだ。利用しない手はない。

そもそも、欲がなければ人類はこんなに発展していない。もっと金がほしい、もっと楽をしたい、もっとカッコいいものがほしい、周りよりもいい暮らしがしたいという人間の欲望が資本主義をここまで発展させてきた。

自分の欲望に素直になれ。そして高望みをしろ。

そのために努力すればどんどん自分の欲望に近づいていくんだから毎日が楽しくなるぞ。

人生は一度きりだ。欲望が枯れるまで欲望を追い尽くしたって罰《ばち》はあたらん。

23

ないものねだりを、やめる

私利私欲はモチベーションの源泉になるのでとても大切だが、付き合い方を考えないとあなたを不幸へと導いてしまうかもしれない。

欲求ばかり追い求めているといつまで経っても満足できない身体になってしまう。だから、「自分にないもの」「自分が持っていないもの」を探すのをちょっとやめてみるのも大切だ。

常に自分には何かが欠けていると考えると、たとえどんなに金持ちになっても、どんなに素晴らしい恋人ができても、どんなに最高のブランド品を手に入れても満たされることがない。欠けているものを探せば無限に見つかる。

欲求を持つのはいい。健全なことだ。

だが、**現状に感謝し満足できない人間はどんな状態になろうと満足できない体質になってしまう**ということだけは覚えておいてくれ。

いまのあなたが持っているものを再確認してみてほしい。

たとえば、病気もケガもしていないこと。

たとえば、家に帰れば「おかえり」といってくれる家族がいること。

たとえば、なんでも話せる友だちがいること。

たとえば、スマホを持っていること。

探せばいくらでも見つかるはずだ。あなたはそれを「当たり前」だと思っているかもしれないがとんでもない。持っていない人からみたら羨ましくて仕方がないような素敵なものをあなたはたくさん持っている。幸せになるための第一歩は「**私はすでに幸せだ**」と気づくことから始まる。

俺はいまからコンビニスイーツ食べるんだけど、近所にコンビニがあって、ひと昔前だったら考えられないほど美味しいケーキが200~300円で買えるなんて、俺は本当に幸せ者だ。ああ、幸せだ。ダイエット中だから食べたあとは後悔するんだけどね……。

24
他人の評価を気にするのを、やめる

自分の価値や幸せを他人の評価を軸にして測るようになると、地獄の始まりだ。

他人の評価なんてそのときの利害関係や気分次第でコロコロ変わる。そもそも、他人はあなたのことをそんなに真剣に考えていないし理解もしていない。

あなたの真意、志、努力、目標、それらを包括的にすべて理解してあなたを評価してくれる人間なんていない。他人はしょせん他人。**あなた以上にあなた自身を理解している人間なんていないんだ。**

自信がない人に限って他人からの評価を求めたがるが、そんなもんをモノサシにしていたら、揺るぎない自信なんて一生かかっても手に入らない。

手に入ったとしても、すぐに失うことになる。自信が常にブレブレの状態になる。

他人の意見は絶対にコントロールできないんだから、そんなものに頼るな。己の精神の状態を他人にコントロールさせるなんて、全財産入った銀行の通帳を他人に渡すようなもんだぞ。本当によろしくない。

他人の評価なんてほっといて、自分の感覚を信じろ。

「わかる奴だけわかればいい。わかんねー奴は黙って見とけ」ぐらい傲慢《ごうまん》でちょうどいいんだ。

他人の意見なんて外野のヤジだ。いっぺん、他人の意見をフルシカトしてみろ。びっくりするほどラクになるぞ。

25

苦しさが5割以上のことを、やめる

継続は力なり。継続は大事だ。これは間違いない。が、じつはそれと同じくらい大事なのが**「やめる力」**だ。たとえば、興味を持って始めてみた仕事でも、実際にやってみたらぜんぜん自分に向いていなくて、成果も出せないし、モチベーションが保てないってことがあるだろう。そういうときは「でも自分が選んだ道だから」「苦労しているのはみんな同じ」という思いはさっさと捨てて、さっさと方向転換したほうがいいケースも多々ある。決断が早ければ早いほど貴重な時間を無駄にしなくて済む。

もちろん、どんな仕事でも絶対に退屈だったり苦痛に感じたりする部分がある。「何をやっても楽しさしか感じない！　最高！」なんて仕事は残念ながらない。なので、ちょっと退屈だからといってすぐやめてしまうのはお勧めしない。

ここで基準にするといいのは「楽しさと苦しさの比率」だ。主観的なものになってしまうのが申し訳ないが、**仕事をしていて感じるこの比率が「楽しさ：苦しさ＝6：4」だったらその仕事はやり続けたほうがいい。**でも、苦しさが5割以上なんだったら、その仕事をやめてみるのも1つの手だ。せっかくがんばっても、苦しさが楽しさを上回っていたら意味がない。ギャンブルに10万円投資して、勝ったり負けたりを繰り返しながら9万円が手元に残るようなもんだ。トータルで見ると完全に負けている。

「やめる」っていうのは、じつは「がんばる」より難しい。自分が過去にくだした決断が間違っていたと認めることにほかならないからだ。世間体も気になるだろう。

だが、そんなことを気にする必要はない。これぱっかりはやってみないとわからないんだから、何も後ろめたさを感じる必要はない。それに、やってみて初めて合わないとわかったのだから、それはそれで自分の特性を1つ学べたわけだから立派な収穫だ。

「石の上にも三年」という言葉もあるが、変化の速いいまの時代にはそぐわない言葉だ。あなたを縛って可能性を奪う呪いの言葉になりかねない。向いてないこと、苦しいことを手放さないと、向いてること、楽しいことをつかみ取るための手が空かない。

第2章

捨てる

仕事、家族(自分の子ども除く)、恋人、友人、趣味、過去の記憶、目標、習慣、すべての物事は人生を豊かにするためにあるべきなのでそれらから生み出される不幸の和が得られる幸福の和より大きいなら捨てるべきだ。人間は得る喜びよりも失う悲しみに敏感なのでこれがなかなかできない。捨てる勇気、マジで大切です。

26

安いプライドを、捨てる

ものごとがうまくいかない人はだいたい「安いプライド」を持っている。はたから見れば「えっ、そこにそんなこだわり持つ？」みたいなところに執着して、ほかの人の意見を聞き入れなかったり、助けを借りることを拒む人たちがそれにあたる。

もちろん、それがどうしても自分の中で譲れないものだったら、たとえば、美学に反することだったりしたら、徹底的に戦って我《が》を押し通してもいい。

だが、「他人のアドバイスのほうが優れているけど自分の力でなんとかしないと悔しい」みたいな安いプライドであるならば、**ほかの人の意見やアドバイスに従っちゃったほうがいい。**

たとえば仕事の場合。最高の仕事をすることが目的であり、そのためには上司や先輩のアドバイスを取り入れたほうがうまくいくのに、安いプライドが邪魔をしてそれができない。素直に助けを求められない。これは、完全に損失だ。

むしろ、ほかの人からのアイディアに対して**「それいただいちゃいます！　ごちそうさまです！」**くらいのメンタルを持っていたほうが絶対にうまくいく。

成長スピードが早い奴は、いい意味で本当にこだわりがない。

間違いを指摘されたら反発せずにすぐ修正するし、もっといいやり方をバンバン取り入れる。自分よりいいやり方を見せられたら素直に認め、周りのいいところをガンガン吸収していくわけだ。

他人の力をうまく借りて結果を出すことも本人の実力だ。他人の意見を採用するという決断をくだし、仕事を進めていくのはほかでもないその人自身だからな。

目標や美学が他人の意見でブレブレになるのはダメだが、いい意見はいいと認め、自分に取り込む柔軟さは持っておこう。

変化の速いこの時代、柔軟性はマストアイテムだ。

27

「でも」と「だって」を、捨てる

「でも……」「だって……」という言葉をあなたの脳内から捨て去ってしまえ。この2つの言葉を使わないだけで人生がかなり好転する。

何かを考えたり行動したりするとき、否定から入るか肯定から入るかであなたの人生は大きく左右される。

すぐに否定から入る人間は真っ先に「できない理由」を考え始め、挑戦に億劫《おっくう》になり、ぬるま湯から出ようとしないため成長しない。人は新しいことに挑戦するから新しいことを学ぶ。

「挑戦しない＝成長しない」だ。それに、すぐ否定する人は一緒にいても楽しくないから人が離れていく。

逆にちょっとしたことでも「おもしろいね」「新しいね」「実現したいね」と肯定から入る人間は、いろいろなことに挑戦してみるからどんどん成長していく。前向きにとらえる人と一緒にいると単純に楽しいし、ちょっとしたアイディアにも乗っかってくれそうだから、おもしろい人や話がどんどん舞い込んでくるようになる。

現実問題としてできるかできないかなんてあとで考えればいい。まずは気軽に「いいね」と考えてみるだけで人生けっこう変わるぞ。

敗者は言い訳を探す。

勝者はやり方を探す。

28
「私なんて……」を、捨てる

「どうせ私なんて……」「自分は何をやってもダメだ……」とか、悲しいことを考えるな。代わりに「私だって……」「自分には輝ける場所があるはずだ……」と考えろ。

ダメな人間なんてこの世に存在しない。俺が断言してやる。すべての人間に価値があるし、全方向に才能がゼロだなんていう人間はいない。

あなたには自分で気づいていない隠れた才能が必ずある。そして、その才能を発揮して輝ける場所が必ずある。

だから、いろいろなことに挑戦したり、いろいろな場所で動いてみて、絶対にそういう場所を探し出すんだ。

ものごとにはあきらめが肝心なときもある。

だが、絶対にあきらめてはいけないこともある。

それは、**自分の才能がフルに発揮できる場所を見つけて幸せになること**だ。人は幸せになるために生まれてくるんだから、それだけはあきらめちゃいけない。

自分で自分のことを悪くいったり悲観するのはもう終わりにしよう。この世界で最後の最後まであなたのことを信じ抜いてやれるのはあなただけだ。

自分で自分をあきらめたらゲームオーバーなんだよ。自分で自分のことをあきらめるのは自分に対してあまりにも不公平すぎる。

いいか、何度でも断言してやる。

あなたは絶対にダメじゃない。心に刻んどけ。

29

「時間がない」を、捨てる

「時間がない」なんてのは、単なるダサい言い訳だ。

考えてもみてくれ。今夜憧れの異性とデートできるとなったら死に物狂いで仕事終わらせて定時で帰るだろ？　「親が危篤だ」と連絡受けたら、仕事なんて放り出してすぐ実家に帰るだろ？

「時間がない」は「やる気と覚悟がない」の言い換えだよ。自分を騙《だま》すな。**結局、優先順位をつけてるのはあなた自身なんだ。**時間を言い訳にしている限り、あなたは何も始められない。やりたいことがあるなら、覚悟を決めてさっさとやれ。

だいたい、迷ってるってことは、やりたいことがあるんだろ？　それって超ラッキーなことなんだぞ。

世の中には、自分のやりたいことがなんなのかわからなくて苦しんでいたり、「別にこれがやりたいことじゃないんだよなぁ」と悶々とした日々を過ごしている人たちがたくさんいる。

それに比べたらやりたいことがわかってるなんて最高じゃねえか。

やらないいなんてもったいねえよ。せっかくやりたいことがわかってるのに、やるかどうかで迷ってどうする？　やる一択だろ。

なんだ？　覚悟が決まらないって？　自信がないって？　大切なのはできるかできないかじゃない。**やりたいかやりたくないかだ。**

やると決めてから死に物狂いでなんとかするんだ。

できるかできないかなんて考えてもわからないから気にすんな。できることだけやってたら人生はつまらんぞ。

30

悪い人間関係を、捨てる

冷たい言い方になってしまうが、**付き合う人間は選ぼう。**ひとりの人間との関係を構築するには莫大な時間、感情、労力が必要だ。そして交友関係はあなたの思考、振る舞い、生活に多大な影響を与える。

選択を間違うと膨大な時間、感情、労力の浪費だけでは済まず、あなた自身の人格にも悪影響を及ぼす。性格はウイルスと同様に人から人へ感染するのだ。

尊敬できる人、切磋琢磨《せっさたくま》できる人で自分の周りを囲めば自然と自分の立ち振る舞いも似てくるし、尊敬できない人、怠け者と一緒にいれば自分もそうなってしまう。

直近会った友人を5人思い出してみてほしい。それの平均値があなただ。自分の周りにいる人は自分の発言、態度、人格がそのまま映し出された鏡だと思っていい。

自己分析したければ周りの人を分析しよう。尊敬できる人ばかりならOKだし、そうでないなら自分の発言、態度、人格を見直してみるいい機会だ。**交友関係の8割は尊敬できる人で固めるように意識しよう。**

ウソをつく奴、ネガティブなことばかり口にして一緒にいるとテンションが下がる奴、他人のことをすぐ下に見て侮辱する奴、他人を利用しようとしてくる奴、約束を守らない奴、なんだか気が合わない奴、こういう人間とはできるだけ付き合わないようにしよう。

人生は短い。仕事ならともかくプライベートでまで一緒にいて気分が悪くなるような連中と過ごしてる時間なんて1秒もないよ。

思い切って悪い交友関係をばっさりぶった切ってみろ。悪い人間関係の断捨離ほどスッキリするものはない。

31

偽りの自分を、捨てる

俺たちはついつい「嫌われたくない」という思いから本当の自分を隠し、周囲に好かれるようなキャラクター（＝偽《いつわ》りの自分）を演じてしまう。

生きていく上である程度の協調性は大切だが、偽りの自分を演じている割合が本当の自分でいる割合を超えてしまうような場合は、周囲の視線を気にしすぎかもしれない。

最低限の社会性だけ保っていれば、あとは他人なんて気にせずありのままの自分でいればいい。ありのままの自分をさらけ出していけばいいんだ。

そもそも、偽りの自分を演じてだれかに好かれたところでなんの意味もない。無理は続かないから、いつかは本当の自分をさらけ出すことになるわけだが、演じていたキャラクターと本当の自分にギャップがあればあるほど、相手にしてみたら騙されていたと感じるだろう。「そんな人じゃないと思っていたのに」「本性を隠していたんだな」となるわけだ。

そんなの、お互い損でしょう？

最初からありのままの自分でいて、それでも好いてくれる人を思いっきり大切にすればいいんだよ。

偽りの自分を演じないと友だちでいられない人と仲良くする必要なんてない。ありのままの自分を受け入れてくれて、自分もありのままの相手を受け入れられる連中とだけ付き合っていけばいい。

とくに最近はＳＮＳの登場で世界がより分断化されてきている。気の合う奴らが簡単にお互いを見つけ合える素晴らしい世の中になってきてる。

そんなエキサイティングな世の中で、とくに気も合わない人たちと無理して偽りの自分を演じて付き合ってる時間なんてないよ。

そんなことしていたら最高に気が合う奴らと最高に楽しい時間を過ごす時間がなくなっちゃうだろ。

32 後悔を、捨てる

何かに挑戦してダメだったとき、反省はしてもいいが後悔はするな。この2つを混同している人は少なくない。

反省っていうのは、**「未来でより良い選択をするために過去を振り返る」**ことだ。つまり、未来のことが視野に入っている。反省は「いま」に好影響を与えて、未来をいい方向に導くためのものだ。

後悔とは、「過去を振り返って自分を責めるだけ」の行為のことだ。思考が完全に後ろを向いていて、過去の己を責めることでなんとなく罪滅ぼしをした気になってしまう。とても非生産的で「いま」に悪影響を与えて、未来を悪い方向に導くものだ。

後悔をしてはいけない。だれにでも過ちはある。過去のことはどうしようもないんだから開き直るのも大切だ。

未来を変えたければいまを充実させるしかないのに、後悔していたらいまがおろそかになってあなたの未来までメチャクチャになってしまう。

後悔とは過去にあなたをメチャクチャにした出来事に、再度あなたの未来までメチャクチャにする権限を与える愚かな行為だよ。

後悔には1円の価値もない。価値がないどころか貴重な時間を奪い、あなたに心理的ストレスまで与える最低の行為だ。

いまを生きようぜ、いまを。

33

我慢を、捨てる

「自分さえ我慢すれば丸く収まる」という考え方を捨てよう。自分を犠牲にして相手のために何かするのをやめよう。

真面目で優しい人ほど他人を優先して我慢してしまう。だが、我慢はさらなる我慢を呼ぶ。たとえ小さな我慢でも、あなたが相手のために許容範囲を少しでも広げると、他人はそれを利用してより多くを求めてくる。

結果、あなたの我慢の枠はどんどん広がってしまい、気づかないうちに強大な我慢をすることになる。

我慢なんて滅多にするもんじゃない。基本的に人は自分の幸せのために動いている。だから、自分が我慢をして相手のことを優先していると自分の幸せは一生回ってこなくなってしまう。

我慢という選択肢は捨てて、**ダメなものはダメ、しないことはしないとハッキリいえる勇気を持とう。**

勘違いしている人も多いが、自分の幸せを最優先にして行動することは決してワガママなことなんかじゃない。それは当たり前のことだ。我が儘（ワレガママ）と書いて我が儘だ。自然体であることが悪いことであるはずがない。

あなたには幸せになる権利がある。自分の幸せを第一優先に考える権利がある。いや、自分の幸せは自分にしか考えられないのだから、権利というよりも義務といってもいいかもしれない。

幸せになれ。我慢するな。

34

不幸を、捨てる

「自分には幸せになる権利がないのではないか」「幸せ過ぎると不安になる」とか思っているそこのあなた。

安心して堂々と幸せになってください。幸せでいてください。

断言します。不幸になるためにこの世に生まれてきた人間なんてひとりもいません。全財産賭けたっていい。

これは絶対だ。覚えておいてくれ。**不幸という状態こそが異常事態であり、幸せこそが平常な状態だ。**

俺からあなたにお願いがある。絶対に不幸に慣れてくれるな。受け入れてくれるな。あなたは幸せであるべきなんだ。

人に大切にされないことに慣れるな。あなたは大切にされるべきだ。バカにされることに慣れるな。あなたをバカにしていい権利を持っている他人なんてどこにもいない。

幸せになることも大切に扱われることも敬意を払ってもらうことも、生まれた瞬間にすべての人間が持っているべき当然の権利だ。

そうじゃない状況に慣れたらダメだぞ。受け入れたらダメだぞ。

さあ、幸せであろう。

35

愚痴を、捨てる

愚痴《ぐち》をいうのはもっとも手軽なストレス解消法であると同時に、もっとも危険なストレス解消法でもある。本当にイライラが高まってどうしようもないときは仲のいい友だちに愚痴をいうのもアリだ。

だが、それは10回会ううちの1回とか、最小限に収めるべきだ。愚痴をいうほうはストレス解消になるかもしれないが、愚痴を聞くのってけっこう疲れるもんだ。エネルギーを吸い取られる。

会うたびに愚痴しかいわない奴となんてだれも会いたくない。愚痴ばかりいっていると、いつのまにか自分の周りにも愚痴や陰口など、ネガティブなことばかり口にする連中しかいなくなってしまう。「最近あった5人の平均があなた」という言葉があるぐらい交友関係はあなたの人格、人生に影響を与える。

それは即《すなわ》ち、**愚痴ばかりいってネガティブな人間しか周りにいなくなると、あなたの人格も人生もネガティブな方向に向かっていく危険性がある**ということだ。

それだけじゃない。愚痴はあまりにも強力なストレス解消法なので、愚痴をいい続けていれば辛い環境にも耐えられてしまう。愚痴で適度にストレス解消ができてしまうから、本当は変えないといけない状況でも現状維持に甘んじてしまうのだ。

愚痴が、あなたが動き出すのを阻止してしまう。状況の打開よりも、状況に耐える方向にあなたを導いてしまう。これはよろしくない。

大事なのは、愚痴を愚痴で終わらせないことだ。愚痴るってことは何が問題なのかを認識できている証拠だともいえる。問題を認識できているということは解決に向けて動き出せるということだ。

適度に愚痴ったら、「**さて、このクソみたいな状況を変えるためにどうしましょうかね？**」と話を続ければ、愚痴は超生産的な行動に変えられる。もはやそれは愚痴ではなく作戦会議だ。愚痴を吐き出すだけで終わりにしていたらもったいないぞ。

36

他力本願を、捨てる

これだけはいっておく。

他人や政治があなたの人生を変えてくれることは絶対にない。うまくいかない理由を外部の要因のせいにするな。

「親が悪い」「政治が悪い」と自分以外の何かを責めるのは簡単だ。実際にそうかもしれない。

が、それでは前に進めない。すべて自分の責任だと割り切って問題に向かい合うことでしか改善は望めない。

外部要因はコントロールできないのだからほうっておけ。コントロールできるのは自らの行動のみだ。人生は己の手で切り拓いていくと覚悟を決めろ。

他人に幸せにしてもらおうとか、政策に救ってもらおうとか、そういう甘ったるい考えはいますぐ捨てろ（外部要因に頼らざるを得ない環境下の人は除く）。**待つな。願うな。最終的に自分を救えるのは、自分を幸せにできるのは自分だけだといい加減気づけ。**

運良く幸せを与えられたとしても、与えられた幸せはいつ取り上げられてしまうかわかったもんじゃない。

それに比べて自らの手でつかみ取った幸せは安定していていいもんだぞ。万が一に失ってしまったとしてもまた自らの手でつかみ取ればいいだけの話だからな。

自立こそ人生だ。強くたくましくあれ。

37

成功も失敗も3日で、捨てる

「失敗はさっさと忘れろ」というアドバイスは、まあよくあるよな。これは間違いない。過去の失敗にとらわれていたら、新しい挑戦ができないし、「いまやるべきこと」に集中できなくなる。

でもじつは、**成功もさっさと忘れたほうがいい。**意外と多いのが、過去の成功体験にとらわれて新しいことに取り組めなかったりするパターンだ。

「前回はこのやり方でうまくいったから」と、本当はもっといいやり方があるかもしれないのに、時代遅れの方法でごり押ししようとする。

成功したことでプライドが生まれ失敗が怖くなり、リスクの高い挑戦を恐れたり、自分は成功者だと勘違いして周りを見下すようになる奴もいる。あなたの周りにもいるんじゃないだろうか？

成功にしろ失敗にしろ、過去にとらわれるとロクなことがない。

俺がお勧めするのは**「72時間ルール」**だ。成功も失敗も、3日で忘れちまえ。

成功の余韻に浸るのも、失敗の苦しみを味わうのも、3日で十分。

3日ごとに心をフレッシュな状態に持っていき、フラットな状態で目の前のことに全力で取り組むんだ。

38

自己犠牲の精神を、捨てる

他者の幸せを願うのは素敵なことだが、そのせいで自分の幸せを犠牲にするのは絶対に間違っている。自分を犠牲にして相手のために何かしたらダメだ。

自己犠牲の上に成り立つ幸せなんてのはこの世に存在しないと覚えておこう。どちらか一方の不幸、我慢は必ずどこかの時点で爆発する。間違っても「自分さえ我慢すれば……」とか思って自分より他人を優先してはいけない。

「いまの自分の幸せをほかの人にもおすそ分けしたい！」とか「他者を幸せにしたら自分もハッピー！」と思える人だけが他者の幸せを考えて行動すればいい。

というか、それぐらいの余裕がないと他者を本当の意味で幸せにすることなんてできない。だから、**相手のために動くよりも、まずは自分が幸せになるために行動することが大**

事だ。

自己犠牲で行動していると、あなたは不幸を感じ不機嫌になる。相手が自分の思う通りに動いてくれないと「私はあのときあれをやってあげたのに」と恩着せがましいことをいってしまったり、「私は我慢しているんだからあなたも～」と相手にも我慢を強要するようになってしまう。そうすると、最終的に相手も不幸にしてしまう。

だいたい、**あなたが他者の幸せばかり考えていたら、あなたの幸せはだれが考えてくれるんだい？**　だれも考えてはくれないよ。

あなたの幸せを考えられるのはあなたしかいない。自分の幸せを第一優先に考えることを忘れないでほしい。

自己犠牲はダメ、絶対。

39

怒りの感情を、捨てる

怒るのをやめよう。

怒っても1円にもならない。頭に血が上り、血圧が上がり、コルチゾールというストレスホルモンが分泌され、寿命が縮むだけだ。

それに、**怒ってしまうのは自信と余裕のない証拠でもある。**怒りの感情を抑えられずあらわにしてしまうのは、己の未熟さを堂々と周りに告知するに等しい恥ずかしい行為だ。怒りの感情に支配されると判断力が鈍り致命的なミスを犯してしまう確率も上がる。

そもそも怒るってメチャメチャ体力使うし精神が削られる行為だ。数ある感情の中でもとても貴重で乱用できないカードなのだ。どうでもいい人には絶対に使うべきじゃない。**「怒る」というカードは本当に大切な人のためにとっておこう。**

今後の人生で深く関わっていく気のない人なら怒るよりもニコッと笑って立ち去るほうがお互い圧倒的に楽だよ。関係の浅い人や初対面の人に対していちいち腹立ててたら体力や精神がもたないよ。お互いに。

どうでもいい人に対して怒りが湧いてきたら自分の未熟さを噛み締める良い機会だと思って冷静に反省するといい。

あと、「怒る」と「叱る」を混同しちゃっている人も多いから気をつけよう。怒る＝自分の感情をコントロールできずに他人にぶつけること。要は単なる八つ当たり。叱る＝その人が今後より良い方向に進んで成長していけるように導くこと。根底に愛がある。

あなたが怒っているとき、ほとんどの場合、あなたのやるべきは叱ることであって怒ることじゃありません。あなたを怒らせるような他人はほっとけばいいし、あなたを怒らせるあなたにとって大切な人には感情をぶつけるのではなく、その人が今後より良い方向に進めるように冷静に話し合えばいいのです。

〝怒る〟をやめてみませんか。

40

「正しさ」を、捨てる

覚えておいてほしいことがある。それは、〝**この世には正解など存在しない**〟という真理だ。立場が変われば正解なんて無限にある。そして、ものごとは白黒はっきりつけられるほど単純じゃない。

白か黒か、ＹＥＳかＮＯか、という二元論はわかりやすいので、多くの人がその思考を採用したがるが、実はこの二元論こそがあなたの脳を混乱させてしまう。

たとえば議論をするときに「どちらが正しいか」なんて考えるだけ無駄だ。というのも、正解なんてないからだ。

二元論で生きている人は、白黒つけないと気が済まないから相手を完膚なきまでに論破しようとする。そんなことじゃ、まともな議論なんてできるはずもない。

議論をするときは、

1．すべての意見には一理ある

2．絶対的に正しい意見などない

3．立場が違えば正解も変わる

これらを前提とした上で自分の主張をするとうまくいく。自分の意見を相手に押しつけず、相手の意見を聞く耳は常に持ちつつ、〝絶対的な正解〟ではなくお互いが満足できる〝妥協点〟を探していく。

議論に限らず、二元論は捨てろ。**世の中は二元論で語れるほどシンプルじゃない。**シンプルでないものをシンプルにしようとするから矛盾が生まれるし脳が混乱する。白黒つけるな。

ちなみに、〝この世に正解など存在しない〟という意見は絶対に正解だ（細かい矛盾は気にしないスタイル）。

41 デカすぎる目標を、捨てる

どデカい目標を立てることは良いことだが、みんな、挑戦するのが億劫になるほどデカすぎる目標を立ててないか？

デカすぎる目標は、挑戦のハードルを上げてしまう。「どうせできないし、やめとくか……」という気持ちにさせてしまうのである。

そんなときは、**挑戦のハードルを下げることが有効な手段だ。**

たとえば筋トレの代表メニューであるベンチプレスを始める場合、いきなり100キロのベンチプレスを持ち上げようだなんて人はいない。

まずは自分がどのくらいの重さを持てるのか慎重にチェックして、そこから少しずつ、それこそ2・5キロ刻みぐらいで重さを増やしていく。すると、最初は絶対に不可能だと思っていた100キロが挙がる日が必ずやってくるのだ。

なんなら、ずっと継続していけば「100キロなんてウォームアップだぜ」ぐらい強くなってしまう。筋トレは、コツコツ努力すれば不可能などないという人生の真理を教えてくれる。

仕事も勉強も恋愛も、目標の立て方はすべてこれと同じ。たとえば、恋人もいない人がいきなり「結婚する」という目標を立てるのは現実的じゃないよな。そういうときは、目標までの道のりを因数分解して、小さな目標をたくさん立てて1個ずつこなしていく。「婚活イベントに参加する」「気になる相手と連絡先を交換する」「2人で食事に行く」という感じで、目標を細かく設定して、着実に達成していく。すると、最終目標である「結婚する」という目標にも近づいていく。

ハードルを下げれば、挑戦も増える。

挑戦が増えれば、学びが増える。

学びが増えれば、結果が出る。

42

恨みを、捨てる

相手を許すという行為は、過去に縛られた自分を解き放つ行為だ。

過去の恨みをいつまでも根に持っているといつまでたっても先に進めない。先に進めないどころか、**過去の記憶があなたを苦しめ続けることになる。**

過去にされた嫌な出来事を思い出し、怒り、苦しみ、悲しむのは、やっと治りかけた傷のかさぶたを何度も何度もはがし血を流し続ける行為となんら変わりがない。

相手をいつまでも許せないのは、その間ずっとあなたの気持ちが相手に縛り続けられているということだ。

憎い相手に、あなたに酷いことをした相手に自分の感情が支配され続けている状態といってもいい。

そんなのアホらしくないかい？　過去にあなたを傷つけた相手にあなたの未来まで傷つけさせるな。

どうしても許すことができないなら無理して許してやる必要はない。

だが、**せめて忘れろ。**自分のために忘れろ。

許せないことをしてきたような阿呆は忘れて、自分の人生を思いっきり楽しもう。前に進もう。

43

ストレスの要因を、捨てる

意外かもしれないが、じつは俺は元々すごくストレスが溜まりやすい人間だ。たとえば、寝るときにちょっとでも音があったり明るかったりすると気になってイライラする。睡眠をメチャメチャ大切にしているので、そのイライラったら半端じゃない。

だから、部屋選びの第一基準は静けさだし、寝室では音が出るようなものを徹底的に排除するし、自分が気持ち良く寝られる環境を必死で守っている。

何がいいたいのかというと、**ストレスは抑えるよりも排除するほうが圧倒的に楽で効果的**ということだ。

ストレス要因を生活から排除する工夫をすればストレスは一気に軽減する。ほんの少しのイライラも見逃したらダメだ。些細《ささい》なストレスも、それが毎日続くと多大なストレスになる。省《はぶ》けるストレス要因は徹底的に省け。

たとえば、SNSがストレスになっている人も多いと思う。それがわかっているなら思い切ってアプリをアンインストールしてしまえばいい。

家事でも、たとえば皿洗いが少しでも苦痛なら、食洗機を買うとか、食器をすべて紙コップ・紙皿・割り箸にして洗わなくてもいいようにしてしまえばいい。満員電車がとにかく苦痛なら、朝一番の空いている時間帯に通勤して、就業時間まで読書やユーチューブで時間をつぶしたらいい。

まずは自分がなににイライラしたりストレスを感じるのかをはっきりさせよう。そして、その原因となっているものを自分の生活から徹底的に排除する工夫をし、ストレスの発生源をなくしてしまえ。

ストレス要因を駆逐せよ。

第3章

逃げる

ヤバくなったら逃げろ。逃げるべきタイミングで逃げないと健康、精神、尊厳のどれかぶっ壊されるぞ。一度ぶっ壊れるとなかなか元に戻らんから気を付けろ。勘違いするなよ。「逃げる＝負け」じゃない。先を目指すために、勝つために一時撤退するだけだ。逃げるのは立派な戦略なのだ。胸張って堂々と逃げろ。

44

本当に辛いときは、逃げる

耐えられないぐらい辛い環境にいるなら、逃げろ。偉そうで申し訳ないが、これは提案じゃない。命令だ。頼むから逃げてくれ。

俺はいままでさんざん真面目で心優しい人が、「逃げる」という選択ができないばっかりに心や体を壊してしまったのを何度も見てきている。もうそんな人は見たくない。心と体以上に大事なものなんてこの世に存在しないのだから、逃げるという選択肢は常に頭に入れておいてほしい。

大丈夫。人生は一度や二度逃げ出した程度では終わらない。

むしろ、逃げ出さないでその環境でじっと耐えて心か体が壊れてしまうほうが、よっぽどその後の人生は大変になる。人生は良くも悪くも続いていくものだからだ。

人生には耐えるべきときと、耐えないでさっさと逃げ出すべきときがある。「ほかのみんなは耐えてるのに自分だけ逃げだすのは甘いんじゃないか？」なんていうのは考えなくていい。なぜなら人によって耐性はバラバラだからだ。

本人にとっては深刻な悩みでも、外野から見ると大したことがないように見えちゃうことってよくある。辛いとき、苦しいときは自己判断でいいから、逃げるなりサボるなり対策しよう。

辛いもんはだれがなんといおうと辛い。主観がすべてだ。

自分の心が「もう無理、限界！」ってなったら、致命傷になる前に逃げ出せ。逃げるときに正当な理由なんていらん。

それと、**逃げるときはなりふり構わず、全速力で逃げろ。**責任とか、全部その辺にポイ捨てして自分優先モードに入ったらいい。

責任感が強いのは素晴らしいけれど、あなたの身を守れるのはあなただけなのだから、あなたには自分の身を守るという絶対の責任がある。

45

余力があるうちに、逃げる

前項に続きまたまた〝無理せず逃げる〟がテーマだけれども、本当の本当に大事なことなのでもうちょっと付き合ってくれ。

〝逃げる〟ことが重要だと認識しただけではまだ足りないのだ。なぜなら、ヤバい環境にいると、だんだん正常な思考回路が回らなくなってくる。人間関係でストレスが溜まり、仕事や勉強のノルマに追われ、睡眠不足で自律神経が狂ってしまうと、正常な判断ができなくなってしまうのだ。

「自分は危なくなったら逃げるから大丈夫だよ」と余裕ぶってたらダメだ。学校でも会社でも家庭でも、「このままこの場所にいたら確実に心身を壊すな」と思ったら、**余力があり、正常な判断がくだせるうちに逃げ始めろ。**

そういうヤバい環境にはよく「こんなこともできないんじゃどこへいっても通用しないよ」とか「ここでやめたらこの先の人生で取り返しがつかないことになるよ」とか、まったく根拠のない脅迫をしてくる、他人をマインドコントロールしようとしたり、あなたの自尊心を破壊してくる奴がいるもんだ。

心身が弱っているとそういう悪意に満ちた卑劣な言葉を信じ込んでしまって、「自分を置いてくれるのはここしかない」「こんな環境にも耐えられない自分はダメな人間なんだ」と、追い詰められた思考に陥ってしまう。

保証するが、そういう言葉は真っ赤なウソだ。**「人生終了」とか「すべてを失う」とか、あり得ない。**

逃げたりあきらめたりしても人生は終わらないし、生きている限り、逃げたあとにもう一度前を向く意思がある限り、何度でもやり直せる。

だから、「このままじゃヤバいな」と自分のことを冷静に考えられるうちに、さっさとそういう場所から逃げ出せ。約束な。

46

不機嫌な相手から、逃げる

仕事がうまくいかないのかプライベートがゴタついてるのか知らないが、不機嫌オーラ全開の人間がたまにいるよな。

真面目な人に限って相手の不機嫌さを敏感に察知してついつい気を遣ったり、ご機嫌を取ろうとしたり、我慢したりしてしまうが、そんなことをする必要はない。

大人だったら自分の機嫌は自分でコントロールするもんだ。だれかが不機嫌だったとしても、それはそいつのマナーがなっていないだけであなたの問題じゃない。

自分の気持ちに余裕があるなら相手に優しい言葉をかけたり話を聴いてあげたりしてもいいが、必要以上に気を遣いすぎてあなたがストレスを抱えてしまうのはナンセンスだ。

もしも機嫌の悪い人間がそばにいたら、そっと距離をおいたり、できるだけコミュニケー

ションを取らないようにして離れよう。

もちろん、あなたも自分の機嫌はできる限り自分で取らないといけない。仲の良い友人に話を聞いてもらってもいいし、好きな映画を見るでも、マンガを読むでも、読書をするでも、筋トレをするでも、スイーツを食べるでも、どんな手段でもいいからうまくストレスを解消して自分の機嫌のせいで他人を不快にさせないぐらいの精神状態は保っておくことが理想だ。

だれでもみんな問題やトラブルを抱えながら、それでも周囲の人を不快にしないように生きている。

自分だけが悲劇のヒロインだと思うな。**いくら不幸でも周囲の人に傲慢に振る舞う権利なんてないぞ。**

47

元気がないときはひとりの世界へ、逃げる

元気がないとき、不安なときは朝陽をたっぷり20分間浴びて、好きな音楽でも聴きながら運動して、美味しいご飯食べて、映画観て泣いて、読書で知的好奇心満たして、いつも我慢してるケーキでも食べて、お笑い見て思いっきり笑って、目覚ましセットせずに寝ましょう。一気に回復するよ。

こういうときは悩んだり考え込んだりしても逆効果。**良質な睡眠、運動、食事を徹底して、好きなことやってストレス解消すれば、自律神経とホルモンバランスが整い気力が戻ってくる。**騙されたと思って一度やってみてほしい。

ポイントが1つある。**人と会わないことだ。**

人と会わなければ絶対に予定が狂わない。

もちろん、人と会って話をすることも最高のストレス解消法の1つだ。だが、リスクが大きすぎる。

予定調整のストレス、相手の事情で予定が狂わされる可能性があるストレス、自分の理想の休日が送れないストレス（相手には相手の理想がある）、他人が介入すると不必要なストレスが必ず生まれる。

あなたしか存在しないひとりだけの世界だったらそんな心配は無用だ。朝から夜まで、自分のやりたいことをやりたいときに、やりたいだけ実行できる。

たまにだれとも会わず、ひとりで自由気ままに過ごす1日を持つことは現代社会において超大切だ。

スマホやＳＮＳの影響もあり、現代人は社会、他者と常につながりを持ちすぎている。たまにはあなたも圏外になってみてはいかがだろうか。

48

趣味の世界へ、逃げる

これは本当に大切なことだから学校でも教えるべきだと思うんだが、ひとりでも楽しめる趣味を持つことは、友だちを見つけるのと同じくらい大切だ。

友だちだと、学校を卒業したり、結婚したりしたらなかなか会う時間が取れなくなるかもしれないが、没頭できる趣味は一生続けられる。

たった1つでも没頭できる趣味があれば、友だちの数はまったく問題じゃなくなる。ひとりでも楽しめる自信があれば、必要以上に他人の目を気にしたり、嫌われることを恐れる必要もなくなる。だって、ひとりでも楽しめるのだから。

もちろん、趣味は変わっていくかもしれないが、何かしらの趣味をひとりで楽しむというスキルさえ身につけてしまえばなんにでも応用ができる。

それに、いまの時代だったら、趣味は容易に新しい出会いを生むし（しかも趣味が同じなので気が合う）、あるいはお金を生み出すことだってできる。

何より、**いざというときに現実世界のことをすべて忘れ、自分だけの世界に没頭できる趣味を1つ持っておくことは、ストレス社会と呼ばれる日本では必須のストレスマネジメント法といっても過言ではないだろう。**

生きているとどうしても辛いこととか、耐えられないような出来事がある。現実世界は甘くない。が、趣味の世界はいつだって楽しい。現実逃避バンザイだ。筋肉は裏切らないし、二次元のキャラクターは信頼できるし、映画や本があなたを拒否することもない。あぁ、趣味はなんて素晴らしいのだろう。

趣味による現実逃避は根本的な問題解決にはならないが、**現実を走り続けるためのストレス解消、モチベーションになる。**

読書でもゲームでもランニングでもなんでもいい（個人的なお勧めは筋トレ！）。ひとりで没頭できる趣味を持てば人生は一気に楽しくなる。

49

人格を否定してくる人間から、逃げる

世の中には、あなたの人格、人間としての存在価値を否定し、あなたに「自分には生きている価値がない」「自分はなんの役にも立たない」と感じさせてくるとても劣悪な人間がいる。

もしもあなたの人格を否定してくる人間がいたらたとえそれが親族であったとしても一刻も早くそいつから離れろ。

「自分には価値がないのかな?」と思わせてくる奴がいたら敵だと認識しろ。そして絶縁しろ。自尊心をぶっ壊される前に、いますぐだ。

自尊心は一度壊れると簡単には元に戻らない。他人の人格を攻撃してくる奴は100%クズだから絶縁してもまったく問題ない。

「人格否定する人間の人格を否定するお前はどうなんだ？」とツッコまれそうだが、このくらいいわないといけないくらい人格否定はあなたに大きなダメージを与える。遠慮はいらない。容赦なく関係をぶった切れ。

他人からひどい扱いを受けても、何をいわれても「自分には価値がないのかな？」「私はダメなのかな？」とか絶対に思うなよ。**君にはなんの問題もない。**問題があるのは他人にそんな風に思わせてしまうそいつらだ。

普通の人は他人の尊厳を傷つけない。いいか、**価値のない人間なんてこの世にはひとりもいない。**

この世には必ずあなたのことを必要としている人間がいるし、あなたは何かの役に立っているし、あなたが本気を出せば世界だって変えられる。

あなたには価値がある。それを忘れるなよ。

50

うまくいかなかったら、逃げる

人には向き不向きがある。

学校が楽しめないからって、社会も楽しめないと決めつけるな。いまの職場で活躍できないからって、自分は仕事ができないと決めつけるな。

才能や能力ってのは、適切な場所に置かれて初めて輝くもんだ。

プログラミングの才能がある人間に陸上をやらせても、オリンピックには出場できないだろ？　でも、そいつに適切なポストをＩＴ企業で与えたら、世界を席巻する新しいサービスを創り出すかもしれない。

魚は陸上を走れないが、泳ぎは一級品だよな？　これらの例ほどわかりやすくないにしろ、人にはそれぞれ向き不向き、適材適所ってものがある。そして、**あなたたちの思って**

いる以上に向き不向きの影響は多大だ。

ある場所で結果が出ないと、ついつい自分の能力不足や努力不足だと考えてしまいがちだが、単にいまいる環境が合ってないだけかもしれない。

あなたが楽しめる場所、才能を発揮して活躍できる場所は必ずある。希望を捨てず自分に合った場所を探そう。

狭い世界でうまくいかなかったからといって思い詰めないでくれ。世界はあなたの想像以上に広くて素晴らしい場所だぞ。どんな人にも必ず合った場所がある。

もう一度いう。いや、何度でもいわせてくれ。

いまがダメだからって、それだけですぐに自分がダメだなんて絶対に思うな。ダメだったら一旦その場所から逃げてみていいから、自分が輝ける場所を探す努力はやめるな。

何をあきらめたっていい。だが、自分が輝ける、楽しめる居場所を見つけて幸せになることだけは絶対にあきらめるな。

これだけは約束してくれ。

第4章

受け入れる

神よ、変えることのできるものについて、それを変えるだけの勇気をわれらに与えたまえ。変えることのできないものについては、それを受けいれるだけの冷静さを与えたまえ。そして、変えることのできるものと、変えることのできないものとを、識別する知恵を与えたまえ。

（ラインホルド・ニーバーの「ニーバーの祈り」より）

※ラインホルドさんがいってなかったら俺がいってた（負けず嫌い）

51

全力を尽くした自分を、受け入れる

自分の力をすべて出し切っても失敗するときは失敗する。

そんなときは自分のことを責めるな。

やれるだけのことをすべてやったのであればそれもう仕方がない。

あなたは何も悪くない。

むしろ、**全力を尽くしてやりきった自分を褒めて誇りに思ってやれ。**

自分の力をすべて出し切って一心不乱に何かに挑戦するなんてなかなかできることじゃない。

成功しようが失敗しようがあなたは勝者だ。

全力で挑戦した経験は必ず今後の人生で生きてくるし、何事も本気でやればたとえ失敗したとしても大きな学びが得られるもんだ。
最善を尽くした人間に悲しい顔は似合わない。
笑え。あなたは本当によくやった。
最善を尽くしたあなたを俺は誇りに思うよ。

52

失敗を、受け入れる

失敗して落ち込んでいるそこのあなた！　やるじゃないか！　失敗したってことは、自分の限界を超えた何かにチャレンジしたって証拠だろ？

できる範囲のことだけやっている人間は失敗しない。挑戦しない人間は失敗することすらできない。

あなたは失敗した。その事実は俺にあなたが勇敢な挑戦者だと教えてくれる。あなたも、**失敗した自分を恥じるのではなく、失敗した自分を誇りに思うべきだ。**

失敗したら、「失敗できた自分」を誇りに思え。そうすることで、失敗を重ねても「挑戦する勇気」を失わずに済む。

挑戦する勇気さえ備えていれば、あなたはこの先何があっても絶対に大丈夫だ。常に前を向き、上を目指し、挑戦し続けられる人間の未来は明るい。

間違っても失敗と自分を結びつけちゃダメだぞ。失敗と自分を結びつけてると精神がもたない。失敗するたびに「自分が悪いんだ」と自分を責めていると自尊心がズタボロになってしまう。

覚えておいてくれ。何かに失敗したからといって君が人としてダメだなんていう理由には絶対にならない。

失敗は失敗。自分は自分だ。必要以上に失敗を恐れるな。

失敗なんて勲章ぐらいに思っておけ。失敗の多い人生は良い人生だ。さあ、どんどん失敗していこう。

53

矛盾を、受け入れる

世の中にはいろいろな意見を持っている人がいてそれぞれの考えを主張している。たとえば、「人間の欲望は尽きないからこそ常に進化し続けられる。欲望を持て」という考え方もあるし、「人間の欲望は尽きることを知らないから、『足るを知る』を知らないと一生満足できない。欲望を捨てろ」という考え方もある。

これらは相反する考え方だが、どちらも正しい。

そしてあなたは、**そのときの自分の目標、価値観に応じて、自分にもっとも合った考え方をその都度採用すればいいだけだ。**

目的、価値観、立場が変われば考え方も変わって当然。思考は時間とともに変わるものだし、過去の自分の思考といまの自分の思考が矛盾してもOKだ。

思考は武器みたいなもん。

時と場合に合わせてもっとも適したものを選んで使えばいい。

がんばりたいときは「立ち止まったらそこで終わり」と自分を鼓舞したらいいし、休むべきときは「休むのも戦略のうち」と自分を納得させて休めばいい。

戦士が武器を使い分けるようにあなたもときと場合によって思考を使い分けろ。

矛盾上等。

54

不安定を、受け入れる

世の中には「安定志向」の人がいる。不確かなことを嫌い、5年後、10年後の自分の姿が想像できないと落ち着かないタイプだ。

この本を読んでいるあなたの親御さん世代に多いのではないだろうか。「大企業に就職して安定した生活を手に入れなさい」「公務員は安定していて良い」といわれたことのある読者の方も多くいることと思う。

さて、一昔前だったら安定を求めるのも1つの選択肢だったろう。だが、残念ながらこのご時世において安定など存在しない。

とてつもないスピードで目まぐるしく変化する社会において、安定という概念は消え去ってしまったのだ。

ないものを求めたところで絶対に手に入らない。手に入らないのだから、苦しみを生むだけだ。現代では安定を求めた瞬間に負け戦が始まっていると考えていい。

変化のスピードが速く安定しない現代社会において、安定する唯一の方法は不安定を受け入れることだ。

連続した不安定を乗りこなす術を身につけた者のみが安定を手に入れる。これ以外に安定する方法は存在しない。

一昔前のように、「この企業に入れたら安心」とか「公務員になったら安心」なんていう道はもう存在しない。現代社会においてそんな考えは幻想にすぎない。

大企業でも潰れる時代だし、残念ながら日本だっていつまでも経済大国でいられるわけじゃない。

安定を求めるのはやめろ。不安定を受け入れろ。カオスを楽しむのだ。

55

困難を、受け入れる

人生は困難の連続だ。困難。困難。また困難。困難は一見すると自分の敵のように感じられるが、じつはあなたの味方だ。

人は困難があるからこそ、それを解決しようと努力したり工夫したりして成長する。困難があなたを賢く、たくましく育て上げてくれるのだ。

むしろ、**何もかもすべて順調で困難に見舞われてないとしたら、もしかするとそれこそが危機的な状況かもしれない。**最近、順風満帆《じゅんぷうまんぱん》で困難に直面していないなら少し焦ったほうがいい。

順風満帆ということは、実力の範囲内のことしかできていない証拠だ。挑戦が足りていない証拠だ。

ぬるま湯につかっていたら人は成長しない。成長しなければ、いまが大丈夫でも近い未来に必ず困難にぶち当たる。

日々の困難とのバトルを怠《おこた》ったツケで、その困難は簡単には解決できない強大なものになるだろう。一気にツケを払うよりも、日々困難と戦い、常に己をアップデートしていくほうが圧倒的に楽だ。

人生は困難の連続であってしかるべきだ。困難を楽しめ。

どんな困難をも乗り越えて自分の養分にしてやれ。困難の中でこそ笑え。

困難？　オーケー。成長タイムだ。

56

絶不調を、受け入れる

人生絶不調のそこのあなた！　大丈夫だ！　なんとかなる！　落ち着け！　適当なことというなって？　適当じゃないぞ。あなたがいま俺の文章を読めているという事実が何よりの証拠だ。

あなたは過去に何度も何度も人生のピンチを乗り越えてきたはずだ。「もうダメかも……」という思いを何度もしてきたはずだ。

だがあなたはいまこうして生きている。いまこうして本を読めている。あなたが人生をサバイブできているからこそいまこの文章が読めているのだ。**俺のことは信じなくたっていい。自分のことを信じろ。**

なんとかならなくたってそれはそれでなんとかなるもんだから。人生は死ぬまでゲームオーバーじゃない。死ぬこと以外はかすり傷だ。そう深刻に考えるな。長い人生、絶好調のときもあれば絶不調のときもあって当然だ。ずっと調子のいい奴なんていない。でな、調子のいいときはだれだってがんばれる。つまり、絶不調のときにどう対応するかで人間の真価は決まるんだ。

絶不調のときでもあきらめず、前を見続けられる人間はどんな分野においても必ず成功する。絶不調？　上等じゃないか。あなたの真価を見せつけてやれ。挫《くじ》けるな。下を向くな。乗り越えろ。

※本当の本当の限界で精神も健康もヤバいときはなりふり構わず休みましょうね。がんばるのも大事だけど、健康のほうがもっと大事です。で、どれだけがんばるときでも1日3食しっかり食べて、睡眠時間最低6時間は確保しましょう。そこだけは譲ったらダメです。

57 過小評価を、受け入れる

相手から過小評価されたら、まあ普通はあまりいい気分がしないよな。

だが、相手から過小評価されることは、「バカにすんじゃねえ」という怒りや、「見下されてる……」という悲しみの感情をうまく統制できるのであれば、**じつはけっこうラッキーな状態だ。**

相手の期待値が低いということは、相手の予想を上回る成果を簡単に出せるということだ。自分の実力以上の期待をされて、一所懸命やっても期待外れだと思われるよりも100倍良い。

それに、もしも過小評価してきた相手が自分の競争相手だったりしたら、ウサギとカメの物語よろしく、**相手が油断しているうちにぶち抜いてやることだってできる。**なんてラッキーなんだ。

世間や特定のだれかがあなたを過小評価して気持ち良くなってるうちに、あなたはコツコツ努力を続けて圧倒的な結果を出せばいい。

結果を出せば一発で黙る。

バカにされた？　見下された？　ラッキーじゃん！

58

自分の欠点を、受け入れる

自分の欠点から目を背けるな。

欠点を認識すると、ついつい自分のことが嫌になってしまうが、自分の欠点がわかっているなんて最高の状態じゃないか。

欠点がわかっているとはすなわち、その欠点に対してなんらかの対策が打てるということだ。

一番ダメなのは自分の欠点がどこにあるのかすらわかっていない状態だ。それだと対策のしようがない。

欠点ってのは言い換えると伸びしろだ。

欠けている部分を満たしてやれば大きな成長に繋がる。だから、自分に欠点があることはむしろ喜ぶべきことだ。

企業は自分たちの欠点を見つけて改善したいがために、コンサルタントや専門家に莫大な金を払う。欠点を明確にすることはそれほどに価値のあることってわけだ。

正しい欠点さえ認識できれば、問題解決の半分が終わったと考えていい。

頭が良くないなら勉強すればいい。容姿に自信がないなら整形なりダイエットなりすればいい。

世の中には解決できない問題もあるが、改善できない問題はない。欠点を改善しようという意志のあるものの前に欠点は無力だ。黙って消されるしかない。

さて、欠点を葬り去っちゃおうか。

59

嫉妬の感情を、受け入れる

嫉妬は人間ならだれしも持つ感情だ。ほかの人に嫉妬してしまう自分を責めたり、自己嫌悪に陥る必要なんてまったくないぞ。「嫉妬してしまう自分が嫌い……」だなんて思うなよ。

問題は「嫉妬」という感情とどう向き合うかだ。

嫉妬ってやつはものすごいエネルギーを生む。そのエネルギーを使って他人の悪口をいったり、嫌がらせをしたり、最悪の場合は犯罪に走る人間もいるし、逆に「チクショウ！自分だって！」と思いながらメチャクチャ勉強や仕事をがんばったりして、自分をすごい勢いで成長させる人間もいる。

嫉妬という燃料をどちらの方向に燃やすか決めるのは、あなた自身だ。それだったら、嫉妬をバネにして自分を成長させたほうが良いと思わないか？

だれかの足を引っ張るよりも、自分を磨いて自分が上に行くほうが圧倒的に健全だ。悪口をいっても、嫌がらせをしても、下がっていくのは相手の評価ではなくあなた自身の評価だけ。なんとくだらないことか。

加えて、**何かに嫉妬するということは、何かを羨ましいと思うということは、自分の目指すべきゴール、欲するものが見えている状態といっても良い。**目標やほしいものさえわかれば、あとはそれに向けてがんばるだけだ。嫉妬はそれらをあなたに教えてくれるありがたい存在だ。

嫉妬はエネルギーにもなるし、自分の目標を見つける指針にもなる。避けるどころか、大いに歓迎すべき感情なのだ。

どんどん嫉妬していこうぜ。嫉妬するたびに進化していこう。

60

裏切りを、受け入れる

裏切りには2つのパターンがある。

1つは、相手が人を裏切ることをなんとも思っていない最低の人間である場合。もしそうだとしたら、そもそもそんな人間とは長く付き合うべきじゃないのだから、相手の本性が早い段階でわかって良かった。ラッキーである。

もう1つは、**自分が相手に十分な利益を与えられていなかったから裏切られた場合だ。**たいていの場合、人が人を裏切るのはお互いがお互いに与える利益のバランスが崩れたときだ。一緒にいてお互いハッピーであれば裏切りは起こらない。あなたがだれかに裏切られたと感じるとき、原因はあなたにある場合が多いのだ。

あなたが相手に十分な見返り、メリットを与えられていたのであれば相手はあなたを裏切る必要がない。あなたが相手から搾取《さくしゅ》するような人間関係が続いていて、相手がそれに愛想をつかし、あなたを裏切るような形で離れていってしまったとしても、それは必ずしも相手が悪いともいえない。搾取していたあなたも悪いのだ。ということで、このパターンであれば自らの行動を省《かえり》みる良い機会である。これまたラッキー。

こう考えてみてくれ。世の中には良い人と悪い人なんて存在しない。存在するのは利害関係が一致する人と、利害関係が相反する人だけだ。一致すればその人はあなたにとって良い人となる。相反すればその人はあなたにとって悪い人となる。ただそれだけの話だ。「裏切られた！」なんて大騒ぎして感情を乱す必要はない。

人間不信になれといっているわけじゃない。信用するのは本当に大切な身近な人だけにして、関係の浅い他人は「良い人／悪い人」の軸ではなく**「利害関係の一致する人／利害関係の相反する人」という軸で見たほうが人間関係の解析度が上がり、感情を乱されることも少なくなりますよ**という提言だ。

人に裏切られたからといってクヨクヨ悩んだり後悔してもしょうがない。反省すべきところは反省して、忘れるべきことは忘れて、さっさと気持ちを切り替えて前に進もう。

61

友人を失うことを、受け入れる

ライフステージが変わったり、自分自身の考え方が変わったりすると、人間関係も自然と変わっていく。

ときには、自分から離れていってしまう人もいるだろう。

だが、そんなことはまったく気にしなくていい。必死で繋《つな》ぎとめようとする必要もない。

その時々の目標や思考によって交友関係が変わるのは当然のことだ。

そもそも、**ちょっとしたことで関係性が切れてしまうなら、元からその程度のご縁しかなかったということだ。**遅かれ早かれ、その人はあなたから離れていくことになっていただろう。

いつか消滅していたであろう関係のために頭を悩ませたり悲しんだりするのはバカバカ

しい。

ライフステージや考え方が変わった程度で離れていく人間なんてあなたの真の友人とはいえないのだから、離れていく人のことで思い悩むのはもうやめよう。

むしろ、それが早い段階でわかってラッキーだったと思うぐらいでちょうど良いよ。そんな奴らのことはほっといて、あなたの周りにいてくれる人たちを、あなたを好いてくれる人たちを思いっきり大切にしよう。

62

孤独を、受け入れる

孤独は恐れるもんじゃない。受け入れて、楽しむもんだ。孤独っていうのは寂しいどころか、好きなことに好きなだけ時間が使える超有意義で贅沢な状態だということを覚えておこう。

人と何かするということは多大な労力を要しストレスを生む。お互いの予定のすり合わせから始まり、場所の移動、それに加えて相手が遅刻してくる可能性や、自分のやりたいことができない可能性、他人がひとりでも介入すれば生まれる煩わしい人間関係、もう、超めんどくさい。それと比べて孤独は最高だ。突然だが、精神科医の友人と話をしていた際にとくに印象に残った発言を共有させてくれ。

「基本的に精神症状は関係性や社会的文脈の中で生じます。したがって、極端な話、無人島で生まれ育った場合は精神症状などありません」

俺はこれを聞いたときにとんでもなく腑《ふ》に落ちた。〝リア充〟という言葉があるように、日本では交友関係を広く持つことが良しとされる。それも良い。

が、人間関係が苦手な人もいる。そういう人は無理をせず、ストレスの原因のほとんどは人間関係によって生まれるとわかっているのだから、極限まで人間関係を絞ってみることを意識してみるといい。世間体なんて気にせず一人の時間を楽しんだらいいのだ。

それに、**孤独は成長するのに最高の環境でもある。**24時間すべて自分の成長のために使ってもだれにも文句をいわれない環境なんて滅多にない。

孤独を解消してくれるのは人との繋がりだけじゃない。勉強や仕事に熱中することでも孤独は解消できる。他者とのすり合わせや人間関係構築で使う労力をすべて自己研磨に使えるのだから、とんでもないスピードで成長できる。

孤独って言葉がどうにもイメージ悪いな。「**孤高**」といったほうがいい。孤独だからって悲観するな。独りの時間があるからこそできることは何かを考えてみるんだ。孤独をうまく楽しんで利用しろ。孤高であれ。

63

反対意見を、受け入れる

自分の考え、意見に反対されるといい気持ちにならないのはだれでもそうだが、だからといって感情的になって口論したり、自分の人格まで否定された・嫌われたと勘違いして落ち込むのは筋違いだ。

考えや意見に正しいとか間違っているとかいう基準が存在すると思っていることがそもそもの間違いだ。

立場が変われば考えも変わるし、角度が変われば意見も変わる。正解は人の数だけ存在する。

絶対的に正しい意見なんてないのだから、**「あなたの意見にも一理あるし、私の意見にも一理ある」**というスタンスでいいのだ。

無理に相手を説得する必要はないし、どちらが正しいのか白黒ハッキリさせる必要もない。価値観は互いに認め合うものであって、否定し合うものではない。

それに、他人の反対意見を素直に聞き入れられない性質はあなたの人生にも損害を与える。ちょっと反対しただけで怒ったり落ち込んだりする人には、なかなか他人が意見をくれなくなり孤立してしまう。そうすると、独りよがりの偏《かたよ》った考えになってしまう。

「あなたの意見に反対です」というのは「あなたの意見に反対です」という意味であって、それ以上でもそれ以下でもないことを認識しておこう。

「あなたの意見に反対です」を「あなたのことが嫌いです」と取り違えてしまう人がどうも多いように感じる。

意見は意見。あなたはあなたで関係ない。人格と意見は切り離して考えよう。

反対意見も素直に聞き入れ、相手の立場にたってものが考えられる、自分の価値観と違った価値観も認められる、そんなカッコいい、余裕のある人間を目指そう。

第5章

貫く

「最後まで全力でやって感動を与えるのがスポーツだろ!」も美学。「どんな手段を使ってでも徹底的に勝ちにこだわる!」も美学。どちらも正しいし、どちらも美しいので、お互いに批判し合う必要はない。美学ってのは自分が貫くもんで他人を貫くためのもんじゃない。

（Testosteroneのツイートより）

※2018年にロシアで開催されたサッカー・ワールドカップ（W杯）において、日本とポーラントの試合で決勝トーナメント進出のために日本チームが行った試合終了間際の消極的なプレーに批判が殺到した際に放たれた伝説のツイート。180万インプレッション、7,000RT、23,000いいねを獲得。あまりのワードセンスに日本中が歓喜。このツイートにより批判は収まり、100人超の女性がTestosterone氏に惚れ、デートしてみたいと思ったと噂されている（すべて本人談）。

64
己の美学を、貫く

道端にゴミを捨てたり、ごまかしをしたり、言い訳をしたり、言葉で他者を傷つけたり、約束を破ったり、自分の良心に逆らった行動を続けているとドンドン自分のことが嫌いになっていく。

ちょっとしたごまかしやルール違反をしたところで、だれも気づかないかもしれないしバレないかもしれないが、己の美学に反することをしていると自尊心が少しずつすり減っていく。

自分のやっていることが正しいと信じられないと、己の魂が死んでいくのだ。人様の人生に指図するのは嫌いだが、いいなと思ったら守ってほしいルールが1つだけある。

己の美学に従って好きに生きろ（法律は破るな）

以上だ。

たった一度きりの人生、どう生きようとあなたの自由だ。他人に直接の迷惑をかけない限り、あなたはあなたの好きなように生きたらいい。

でも、魂を売ることだけはお勧めしない。自分の中の美学を曲げることもお勧めしない。

自分のことを裏切ることもお勧めしない。

自分が「正しい」と確信できること、誇りを持てることをやれ。

65

高い意識を、貫く

「意識高い系」などという言葉があるように、大きな目標を掲げてそのためにがんばっている人をバカにする風潮があるが一切気にするな。「意識たけー（笑）」とかいってがんばっている人を笑っている人間は、そのうち意識を高く持たずがんばらなかったツケが回ってきて笑えなくなるからほうっておけ。

意識なんて高いほうがいいに決まっている。思考が現実になるのだ。

いまの自分よりも高いところに意識を持っていかないと成長は望めない。意識を高く持つことは恥ずべきことじゃない。むしろ、意識を高く持つことをバカにしている人間のほうがよほど恥ずかしい存在だ。

意識を高く持ちがんばっている人間のどこに笑う要素があるのか俺にはまったくわから

ないが、まあ、笑いたい奴には笑わせておけばいい。あなたの人生には1ミリも関係ないし、あなたが高みに上がってもそいつは下にいるままだから、どのみち関わることのなくなる人間だ。

さて、意識を高く持つのはいいが、**それに伴う行動を必ず起こすことも忘れないようにしてほしい。**

意識と行動はセットだ。行動すればすぐに現状が変わるというほどは甘くないので、〝意識〟と〝現状〟にギャップがあるのは構わない。

だが、〝意識〟と〝行動〟にギャップがあるのは「いってることとやってることちゃいますやん（笑）」と嘲笑の対象になってしまっても仕方がない。

意識を高く持て。それに伴う行動をせよ。

意識と行動が揃《そろ》ったとき、あなたの理想は実現するだろう。

66

理想の自分像を、貫く

人生で迷ったときは、「理想の自分ならどうするか」を基準にしろ。

「理想の自分だったらどういう決断をするだろうか」
「理想の自分だったらどういう行動を取るだろうか」
「理想の自分だったらどういうことをいうだろうか」

この考え方に従っていればまず間違いない。

ここでいう〝間違いない〟とは失敗しないという意味ではなく、後悔しない正しい選択ができますよという意味だ。

理想の自分なら取るであろう決断をする、それ即ち決断するたびに理想の自分に近づいていくということだ。決断をするたびに自分を好きになり、自分を誇りに思える。

大事なのはその決断の結果、他人にどう思われるかじゃなくて、自分で自分のことをどう思うかだ。自分の行動、決断に誇りを持てるか否かのほうが、他人にどう思われるかよりも100倍大切だ。

もちろん、思うような結果が得られなかったり失敗したりすることもあるだろう。でも、誇りを持って決断できたことだったらその結果を受け入れやすい。己の心に従った決断は、後悔を残さない。

他人の顔色を気にしたり、目先の利益に目がくらんで自分の信念を捻じ曲げてした決断は結果がどうあれ必ず後悔を生む。

何より、理想の自分とかけ離れた決断をくだす行為は自分で自分の自尊心を傷つける行為にほかならない。自尊心を失い、自分自身を嫌いになってしまうことほど人間にとって辛いことはない。

さて、俺はいまとても疲れてるんだけどジムに行こうか行くまいか。理想の自分ならどうするかな……。

67 人への親切を、貫く

「人に親切にしろ」なんていうと、「綺麗ごとばっかいってんじゃねぇ」って思うよな。

でも綺麗ごとじゃないんだ。それが一番お得で人生が楽しくなるからそうしましょうってことなんだ。

まあ、聞いてほしい。**親切は本当に素晴らしいし、パワフルだ。**

あなたの数分間を使って他人に親切にするだけで、その人の1日を素晴らしい日にすることができる。

あなたにとってはほんの数分間でも受け取った人は親切を忘れないし、この先何度も思い出し心が温まる。他者に親切にしたあとは気分がいいのであなたの1日も素晴らしい1日になる。みんな幸せでしょ？

あと、**親切は連鎖する。**

親切にされた人は幸せになりお返しに感謝をくれる。親切にした人はその感謝を受け取り幸せになる。親切にされた人は「自分も人に親切にしよう」と思うし、親切にした人も「これからも人に親切にしよう」と思う。

親切は無限に連鎖していくわけだ。

たった1つの親切からあなたの生活環境で親切が無限に連鎖していき、その親切は巡り巡って自分自身に帰ってくる。因果応報ってやつだ。

しかも親切は無料っていうところも最高だ。親切にしないともったいない。綺麗ごとでもなんでもなく、**親切はあなたを幸せに導いてくれる。**

人に親切にすれば自尊心も高まる。「自分いいことしたなぁ」と思えるだけでも自分を好きになるキッカケになる。

さあ、親切をやってみよう。

68

不屈の精神を、貫く

「失敗を、受け入れる」というのはすでに書いたが、失敗を誇りに思うだけではまだ足りない。多くの人が勘違いしているが**失敗は終わりではなく始まりだ。**

何かに挑戦して失敗すると、挑戦した人間にしか手に入らないさまざまな情報や経験がドッサリ手に入る。それらはあなたの宝物だ。失敗したらそれらの宝物をかき集め、あなたの宝箱の中にきちんと収納しなければいけない。平たくいうと、「失敗から学べ」ということだ。失敗を必要以上に恐れる必要なんてない。ハッキリいおう。最初から成功できる人なんてほとんどいない。成功とは挑戦↓失敗↓分析というサイクルを繰り返したのちに訪れる産物だ。「最初から失敗するつもりで挑戦しろ」というと語弊があるが、**大事なのは何度失敗しても絶対に成功させてやるという意志であって、1回の挑戦で必ず成功さ**

せてやるという意志ではないということを覚えておいてくれ。

1回で成功すると思っているなんて挑戦を舐《な》めすぎだ。1回の挑戦にすべてを賭けていると必要以上に失敗を恐れることになり、緊張を産み、ものごとがうまく進まなくなる。「挑戦に失敗はつきものだ」「ほとんどの物事は計画通りにはいかない」という2点を頭に置いた上で、何度失敗しても最終的には必ず成功させてやるという意志を固めるんだ。それが正しい覚悟の決め方だ。

それともう1つ、自分の失敗から学べる人間が強いのは当然だが、**「他人の失敗」を見てそこから学べる奴はもっと強い。**人には他人の失敗談を聞いても「自分は大丈夫」「自分なら切り抜けられる」と思ってしまう習性がある。

その油断が人々を失敗に導く。他人の失敗を甘く見ないことだ。失敗したその人自身も「自分は大丈夫」「自分なら切り抜けられる」と油断して失敗してんだから。避けられる失敗を避けないのはただの愚行だ。

自分の失敗だろうが他人の失敗だろうが、失敗からは必ず学べるものがある。失敗とは成功に一歩近づいた証である。どんどん失敗して、どんどん失敗から学ぼう。

69

好きなことのためにする苦労を、貫く

昨今は「好きなことをして生きていこう」「好きを仕事にしましょう」といった言葉がよく聞かれるようになったが、1つだけ勘違いしてほしくないことがある。

それは、「好きなことをする＝やりたくないことはしなくていい」という意味ではないということだ。

何をするにしても泥臭い努力は絶対に避けられない。嫌なことや退屈なことをしないといけないときだってあるだろう。

だったら、どうせ苦労するんだったら、自分の好きなことのためにしましょうよ。**好きでもないことのためにやりたくないことをするのだけはやめましょうよ**という話だ。

「好きなことを仕事にする」というと必ずといっていいほど「「好きなことを仕事にでき

るほど甘い世の中じゃない」といってくる連中がいるが、逆だ。「**好きでもないことを嫌々やって成功できるほど甘い世の中じゃない**」が真実だ。

好きなことで生きていくことが楽な道だなんて俺は一言もいっていない。楽しいことと同じぐらい辛いこともあるだろう。

だが、好きなことのためにする苦労は惜しむな。好きなことのためならあなたはどんな苦難だって乗り越えて大きなことを成し遂げられる。

好きなことを追求していけば人生はもっともっと楽しくなる。約束する。

70

自分のルールを、貫く

自分で決めたルールは徹底的に守ろう。

1日1時間勉強すると決めたら、何があっても必ず勉強する。週に3日はランニングすると決めたら、絶対に走る。

自分で課したルールを守らないということは、自分との約束を破るということだ。一緒に食事する約束をしたのに遅刻したり何回もドタキャンしたりする奴がいたら、そんな人間はもう信用できなくなってしまうよな。

自分で決めたルールを破るということは、それと同じことを自分に対してやっているも同然だ。そんなことを続けていては自分で自分のことを信じられなくなってくる。そう、自信を失ってしまうのだ。

自分との約束を破り続けていたら自分のことが信じられなくなって当然だよな。逆に、ルールを守ることで自信をつけることもできる。自分にルールを課し、それを守って成長を遂げる。成長したらさらに厳しいルールを課し、それを守ってさらなる成長を遂げる。

このサイクルで自信を育てていくのだ。

自分で決めたルールを守る最大の秘訣は、ルールを決めたら何がなんでも守ることだ。

例外は一切認めるな。

すべてのルールの崩壊は小さな妥協から始まる。

「これぐらいならいっか」「今日は疲れてるから」とルールを曲げたが最後、そのルールは確実に崩壊の道をたどる。

やるなら徹底的にやることがルールを守り自信を形成する最大の秘訣だ。何をしても続かない人はぜひお試しあれ。

71

努力を、貫く

優秀な人に成功の秘訣を聞くと「何も特別なことはしていませんよ」と返ってくることが多い。これは別に彼・彼女たちが成功の秘訣を隠している訳じゃない。

勉強とか努力とか一般人にとって特別なことが、彼・彼女たちにとっては生活の一部になっているので本当に特別なことはしていないと思っているのだ。**生活・習慣すべてが成功の秘訣なのだ。**

それくらいの域に到達して初めて人並み外れた成果が出せるし、努力が苦しみではなくなっていく。

努力は習慣には敵わない。意識して努力することなど、無意識に行う習慣には絶対に敵わないのだ。

毎日がんばって歯磨きをしている人なんていないだろう？　毎日歯磨きをするのが習慣になっているから歯磨きを努力だとは思っていないはずだ。

それと同じように、勉強や努力を歯磨きレベルの習慣にまで昇華させろ。努力の成果なんてもんは「自分はがんばっている」という意識があるうちは出ない。**努力ってのはコツコツ継続して初めて効果を発揮する。**

1ヶ月集中して死ぬほどがんばったって、何も変わりゃしない。そういうのを努力とはいわないし、そんな即席の努力で成功をつかもうだなんて世の中を舐めすぎだ。

だが安心しろ。努力している意識すら薄れ、努力が生活習慣の一部となったとき、あなたは努力に対するストレスを感じることなく、だれもが羨む成功を手にすることになるだろう。

愚直に続けろ。成果は必ずあとからついてくる。

72

成長を、貫く

努力の報酬は成功ではなく「**成長**」だ。

悲しいかな、成功には限りがある。勝者がいれば敗者もいる。よって、成功をつかみ取れるか否かは運の要素も関わってくる。

成長は違う。**人は正しい努力をすれば必ず成長する。**

新しいことを学べば、鍛錬を積めば、昨日の自分は確実に超えていける。成功は時の運が関わってくるが成長は選択なのだ。

成功という軸で見たら無駄な努力はあるが、成長という軸で見たら無駄な努力など存在しない。

成功／失敗という軸にこだわってしまうと努力が実を結び成長していたとしても、失敗してしまえば自分の成長を認めずに「努力が無駄になった」と決めつけることになってしまう。それは、自分に対してとても不公平だ。

失敗はしたかもしれないがあなたは確実に成長しているのだから、**しっかり自分の成長を認めてやらないといけない。**

「成功しなかった＝成長しなかった」ではない。

そう焦って成功をつかみに行く必要はない。そもそも、成功ってのはそう簡単につかみ取れないから価値がある。

安心しろ。成功は逃げない。成功は成長を選択し続けたその先で待ってる。

成長を選択し続けろ。押忍。

73

攻めの姿勢を、貫く

死ぬ気でやるな。**殺す気でやれ。**

死ぬ気でやるってのは負けること前提の弱者の思考だ。やる前から負ける覚悟してどうするよ？

勝ちたきゃ殺す気でやるんだよ。死ぬ覚悟ができるぐらい意志が強いなら殺す覚悟だってできるさ。

玉砕覚悟の奴なんて何も怖くない。相手を殺してでも自分が生き残ってやると覚悟を決めてかかってくる奴のほうがはるかに怖い。そうだろう？

人生は常に強気でいかねばならない。

世の中には食う側と食われる側がある。食う側になれ。弱々しい奴はあっという間に食われる。食われる側に回るな。
弱気など道端に捨ててしまえ。
強気だ。強気でいくのだ。
強者になれ。攻めの姿勢を貫いていくぞ。

74

感謝の姿勢を、貫く

幸せであるためのコツの1つに感謝がある。

感謝できない人が幸せになることは極めて困難だ。感謝せずに幸せになろうとすることは食事制限抜きでダイエットするぐらい難しいことであると覚えておこう。

断言するが、現状に満足して感謝できない人は今後も一生満足できない。「足るを知る」という言葉があるが、**足るを知る唯一の方法こそが感謝である。**

感謝という行為がなければ人の欲は底なしなのでいつまでたっても満足できない。感謝すべき現状や人をないがしろにし、気がついたらあなたの人生は感謝すべき対象が何もないむなしい人生になってしまうだろう。

こんな感じに。

子ども　「勉強嫌い！　早く大人になりたい！」
大人　「仕事ムリ！　子どもに戻りたい！」
勤め人　「9時5時の生活は嫌！　独立したい！」
独立した人　「毎日仕事があって毎月給与がもらえることがどれだけ有難いことだったか……」
未婚　「結婚して落ち着きたい」
既婚　「独身に戻って自由に遊びたい」
ないものねだりが人の性。**この満足できないループを抜け出すには感謝しかない。**感謝によって一番救われるのは自分自身だ。
感謝という行為は普通に生きていると慣れて見失ってしまう幸せを再確認させてくれる。
さあ、感謝しよう。

75

ワクワクを、貫く

「ワクワクする」という感覚は超大事だ。もし人生で道に迷ったらワクワクするほうを選んだらいい。

ワクワクするということは、あなたの直感が、あなたの細胞が、「こっち行ったら楽しいぞ！」というシグナルを全力で送ってきている状態だ。このシグナルを見逃してはいけない。

ワクワクできるということは、ポジティブな未来を想像できているということだ。**「なんかできる気がする」「イケる気がする」**という気持ちがあるからワクワクするわけだ。

こういった気持ちは大切に大切にしていかないといけない。

周りの人は「人生は甘くない」だとか「君には無理だ」とかいってくるだろう。覚えておいてくれ。そんな声は聞く必要ない。己の内なる声に耳を傾けろ。自分がワクワクしているなら、ＧＯだ。

ほとんどの人が周りの声に惑わされ、自分のワクワクを奥に押し込めてしまう。それは本当にもったいないことだ。人生においてワクワクすることに出会えるなんて滅多にないのだから。ワクワクを見つけたら絶対に手放すな。

ワクワクしている時点で、あなたは成功にもっとも必要な要素を１つ持っている。**それは情熱だ。**情熱はワクワクできることに対してのみ向けられる。ワクワクしながらできることは努力を努力と思わないで継続できる。

継続できればそれだけでほかの人よりも突き抜けた結果を手に入れられる。だから、迷ったらワクワクするほうを選んでおけば間違いない。

嫌々やっている奴は楽しんでやっている奴に絶対に敵わない。行動力があって継続的な努力ができる人には、人生は結構甘いぞ。

やってみろ。ワクワクを深掘りせよ。

76

笑顔を、貫く

辛いことがあったり、うまくいかないことが続いたり、問題が起きたりすると、人は眉間にシワが寄ったいかにも「自分いま、うまくいってません」という表情になる。だけど、そういうときこそ笑顔でいることがめちゃくちゃ大切だ。**深刻なときこそ笑っとこう。**

アメリカの心理学者ウィリアム・ジェームズという人が残した「楽しいから笑うのではない。笑うから楽しいのだ。」という言葉があるが、まさにそのとおりだ。笑っておくとパニックにならずに冷静な判断をくだす余裕が生まれる。悲観的な状況も楽観的に見れるようになる。なんとかなるような気がしてくる。

まあ、実際なんとかなるからそう心配すんな。肩の力抜こう。

人生においてなんとかならないことなんて滅多にない。あなたはこれまでの人生なんとかなっているから生きていて、人生をより良くしたいという前向きな思いがあるからこの本を読んでいる。そうだろう？　最高じゃないか。

どんなときも常に笑顔を絶やさず前向きでいろ。

幸せは笑顔を絶やさない前向きな人に寄ってくる。

不機嫌そうな人や、ネガティブ発言ばかりの人には近寄りにくいでしょ？

逆に、笑顔を絶やさず前向きでいるだけで、あなたの周りにも人生を楽しんでいて、前向きな考えを持っている人が集まってくる。そういう人が自分の周りに集まってくると人生は自然と良い方向に進んでく。

最初はフリでもいいよ。

とりあえず笑っとこう。

77

学ぶ姿勢を、貫く

学ぶ姿勢と好奇心を忘れない限り人は何歳であろうと若くあり続ける。逆にいくら若かろうと学ぶ姿勢と好奇心を忘れてしまえば老いたも同然だ。

肉体は衰えても、心は気持ちの持ちよう次第で永遠に若いままでいられるのだ。肉体年齢に心の年齢を合わせなきゃいけないなんてルールは存在しない。いつまでも若くいたほうが人生は楽しいぞ。

1つエピソードを紹介させてくれ。出張先のホテルのプールでの話だ。俺が爽やかに、かつクールに、かつ優雅に、大海を泳ぐ海洋生物のように泳いでいると（自己イメージ）、プールで70歳ぐらいのおばあちゃんが水泳を習っていたんだ。いままで水泳を習ったことがないらしく、かなり苦戦している様子だ。が、笑顔がまったく絶えない。泳げる距離が

1～2メートル延びるたびに超喜んでて、メチャメチャ楽しそうにしている。

俺はこの光景を見たときに感動してしまった。何歳になっても、学ぶ姿勢、好奇心、挑戦する勇気さえあれば人生は死ぬまで楽しめるなと改めて実感した。

逆に、これらがなくなるといくら若くても人生楽しめないなと（俺はそのときちょうどダイエット中で、超義務的に不貞腐《ふてくさ》れながら泳いでいたので余計にそう思った。おばあちゃん、超楽しそうでいいなぁって）。

何歳までが若いのか？　何歳までなら新しいことに挑戦できるのか？　そんなこと俺は知らない。そりゃ若いうちに始めたほうが有利なことだらけだ。でもそんなことをいってたら何も始まらない。

そして、これだけは確実にいえる。**あなたの人生においてあなたが一番若いのは常にいまだ。**これだけは絶対に揺るがない真実だ。

つまり、やりたいと思ったその瞬間こそがやり時なのだ。人の成長はそこに学ぶ姿勢と好奇心がある限り死ぬまで止まらない。

学ぶ姿勢と好奇心を忘れず、生涯現役を貫いていこうじゃねえか。

78

健康的な生活リズムを、貫く

不安なことや心配事があって悩んでいるそこのあなた。いますぐ悩むのをやめましょう。「悩む」という行為ほど非生産的な行為はない。悩んでも問題は絶対に解決しない。

ウジウジ悩んでいるとそれだけであっという間に時間が過ぎてしまうよ。それに、悩んでいるとどんどん想像が悪いほうに膨らんで、ただでさえ疲れ切った心にさらなるストレスがかかる。**悩むは百害あって一利なしだ。**

「悩みの根本的な原因」は探しても意味がない。悩みなんてそもそも具体的な原因がないものがほとんどだ。

生きてりゃ問題は尽きない。すべてがうまくいっている状態なんて人生においてそうそうない。つまり、**生きるということは悩むということなのだ。**それなのに、人間には悩んでいる時期と悩んでいない時期がある。

この差は何か？　気分だ。

ほとんどの悩みは単なる気分的な問題だと思っておけ。そして、人間の気分はホルモンバランスと自律神経のバランスを整えてやることでとても良い状態を保てる。

具体的にいうと**①8時間寝る　②食生活を整える　③週3日運動する**という3つの行為を徹底することだ。ほかのことはこの3つができてからで良い。悩むな。まず寝ろ。食べろ。運動しろ。睡眠、食事管理、運動こそが王道にして最強の自己投資だ。

どうしても悩んでしまうときは部屋で悩むな。狭くて暗い部屋で悩んでいると思考も引っ張られて暗いものになってしまう。太陽の出ているうちに外の広くて気持ちが良い環境で悩め。

過剰に悩んでしまうときは最終兵器〝筋トレ〟や〝ランニング〟を使え。体を酷使することで脳を強制終了するのだ。筋トレしてるとき、走ってるときは悩む余裕なんてない。夜は疲れてグッスリ眠れるし完璧だ。

よし、武器は揃った。悩みとサヨナラしようか。

79

当たり前を、貫く

「食生活に気をつけなさい」「しっかり寝なさい」「適度な運動をしなさい」「挨拶はしっかりしなさい」「正直に生きなさい」「人に優しくしなさい」「自分を大切にしなさい」「努力しなさい」「勤勉でありなさい」「人がやりたがらないことをやりなさい」

こういうアドバイスをもらうと、「そんなの当たり前じゃん。それができたら苦労しないよ」「そんな当たり前でおもしろくないアドバイスじゃなくてもっとエキサイティングで有益なアドバイスをくれよ！」と思うだろう。

恐らくこれらのアドバイスはあなたが幼いころから耳にタコができるほど聞かされてきて飽き飽きしているアドバイスだろう。

でも、**残念ながら本当に価値があるアドバイスって全部そんなもんだ。**

これらのアドバイスがずっといわれ続けているのは、これらのアドバイスが有益だという裏付けにほかならない。あなたが何か奇抜なアドバイスを欲する気持ちもわかる。当たり前はつまんないからな。

でも、**成功をつかみ取るための裏ワザとかショートカットなんてもんは存在しない。**

当たり前のことを当たり前にやる。そのことを愚直に続ける。「できたら苦労しないよ」とほかの人が愚痴って実行しないことを継続する。

結局それしか道はない。

当たり前のことを当たり前にやるだけで人生は攻略できるぞ。当たり前を徹底的にやれ。

80

我が道を、貫く

謙虚さも大事だし、周りの意見を聞き入れる柔軟性も大事だし、先輩方を尊敬するのも大事だ。だが人生では**「うるせえ黙れそこをどけ」**というマインドを持ってただひたすらに己を信じ突き進むべきときもある。

「そんなの無理だ」

「お前にはまだ早い」

「お前は間違った道を進んでいる」

生きていれば一度や二度、こんなセリフをいわれた覚えがあるだろう？　そのとき、あなたはどうしただろうか？　意見に従い自分の気持ちを押し殺したか？　それとも己を貫き己の道を進んだだろうか？

おそらく、前者が多いだろう。日本には〝出る杭《くい》は打たれる〟ということわざがあるように、目立ったことをしようとすると周囲が徹底的に叩いてくるうっとうしい文化がある。

だが俺はいいたい。

たった一度きりの人生なのだから行きたい道を行け。

世の中には自分たちの既得権益を守りたいだとか、あなたが自分たちを追い越さないように邪魔するため、ああだこうだと口を挟んでくる奴も少なくない。成し遂げたいことがあるならそういう邪魔者は全部どかすくらいの気合で行け。

もちろん、あなたのことを思った親身なアドバイスもあるかもしれないが、難しいのは、だからといってそのアドバイスに従うのがあなたの望む結果になるとは限らないところだ。

他人はその人自身の幸せの価値観に基づいてあなたにアドバイスしてくるだけで、「**あなたにとって何が幸せか**」なんてことは知らない。それを知っているのはあなただけだ。

他人の意見に従って本当は目的地じゃないところにたどり着いたって意味がないだろ？

人生にはそういう雑音をすべてシャットアウトして己の信じる道を突き進む時期が必要だ。我が道を行け。

第6章

決める

やりたいことはすぐにやるとか、運命は自力で捻じ曲げるとか、やられたらやり返すとか、自分の気持ちに素直になるとか、気乗りしない誘いは断るとか、ストレスフリーな人生を送るために自分ルールを決めておくといい。決めておけば迷わないで済む。この章では、俺が決めている自分ルールを紹介しよう。

81

根拠のない自信を持つと、決める

自信ってのは努力した時間、場数、成功体験によってゆっくりと形成されていくもんだ。

だから、まだ経験の少ない人が自信を持てないのは当たり前だ。

だからといって「自分には実績がないので……」「まだまだ経験不足なので……」などと挑戦を避けていたらいつまで経っても経験が蓄積されないし、この先もずっと自分に自信が持てないままだ。

では、経験が少ない人はどうやって自信を持って最初の一歩を踏み出したらいいのか？

答えは簡単だ。根拠のない自信を持てばいい。実績も経験もないときは根拠のない自信で何事にも挑戦してしまえばいい。

「なんかできる気がする」「イケる気がする」って根拠もなく思えるときってあるだろ？

せっかくそういう気持ちが芽生えても、周りの人から「人生は甘くない」だとか「君には無理だ」的なことをいわれて自信を刈り取られてしまう。

ほとんどの人がこの段階であきらめる。それじゃあもったいない。

「なんかできる気がする」「イケる気がする」という気持ちは大事にしないといけない。

人生は行動力があって継続的な努力ができる人間にはけっこう甘いぞ。自分の直感を信じてやってみろ。

やらない人がほとんどだからライバルなんて意外と少ないもんだよ。やってみたいと思う人が100万人いて、やってみる人が10000人いて、あきらめずに継続する人が100人いる。そんなもんだ。

100万人の口だけ人間を見て競争にビビるな。まずやれ。

10000人の根性なしを横目に淡々と継続しろ。残った100人、コイツらが本物のライバルだ。気合いでぶっちぎれ。なんかイケる気がしてこない？

82

才能をフル活用すると、決める

なかなかやりたいことが見つけられなかったり、人生で熱中するものがわからなかったりする人もいるだろう。

そんなときはシンプルに**「どうすれば自分の知識・能力・才能を使って他者を幸せにできるか」**と考えてみろ。

生活していくためにはお金が必要だ。自分の時間を切り売りして自らの知識・能力・才能とは関係のないことをしてお金を稼ぐことだってできる。だが、それではあなたの知識・能力・才能の無駄遣いになってしまう。

しかしながら、あなたの知識・能力・才能はそれら単体ではお金にならない。では、どうやってお金にするのか？　簡単だ。それらを活用して人様のお役に立つ方法を考えればいいのだ。

人は自分を幸せにしてくれるものにお金を払う。あなたの知識・能力・才能が他者の幸せに貢献したとき、あなたはそれらを使ってお金を稼ぎ生きていく術を身につけられるだろう。

今風にいうと、自らの知識・能力・才能をマネタイズせよという言い方になる。

生活に困らない程度のお金を稼ぐことも大切だが、**自分の知識・能力・才能をフル活用しているという実感、自らのポテンシャルをフルに活かしきっているという実感は、何にも代えられないほどの幸福感をあなたに与えてくれるだろう。**それに、自分の才能と市場がマッチしたらしっかり稼げるようになるから大丈夫だ。安心しろ。

さらにさらに、他人を幸せにしながら稼げるのであればこれ以上に最高の人生はない。

自分を犠牲にして他者を幸せにするのはお勧めしないが、自分の幸福のために、まずは他者を幸せにすることから考えてみようか。

83

健康を守り抜くと、決める

第2章の項目で「正解などない」といったが、いまから俺は正解をいう。よーく聞いてくれ。

健康を犠牲にしてまでやる価値のある仕事なんてこの世にはない。絶対にだ。

社会はときに厳しい。心身の健康を害すほどの仕事量が降りかかってくるときもあるだろう。

向いていない仕事、慣れない職場、さまざまな理由で精神的、肉体的にキツくなってしまうときがあるだろう。

そんなときは絶対に無理をするな。割れたガラスが元通りにはならないように、体や心は一度壊れるとなかなか元に戻らない。それに、一度壊れるとさらに壊れやすくなってしまう。

本当に辛いときは思い切って休むこと。

甘く見るなよ。「このままだと心身が壊れてしまうな」と感じたら余力があるうちに動き出せ。限界の一歩手前まで我慢しようとするな。人間は基本的に己の心身の限界を見極められない。

とくにブラックな環境で耐えていると思考回路が回らなくなる。職場環境に自尊心を破壊され、睡眠不足で自律神経が狂い出したら正常な判断ができなくなる。

本当に、健康を損なってからだと悔やんでも悔やみきれないから。動けるうちに動いとかないとダメだよ。

「根性がない」「無責任だ」「情けない」「ほかのみんなはやっているのに」とか、心ないことをいってくる奴もいるだろうが、無視してＯＫだ。

というか、無視しろ。俺からのお願いだ。他者の視線を気にして逃げるタイミングを失い、心身を壊してしまう人なんて俺は見たくない。まずは自分で自分の体と心を守り抜け。話はそれから。

84

目標達成のためにはなんでもやると、決める

自分が心の底からやりたいと思えないことはやめてもいいし、あなたの人格を否定してくる人間や会社からは逃げていい。

だが、人生を賭けてでも達成したいと思える目標を見つけたのならその目標を実現するための努力や我慢からは逃げるな。

やりたくないことをやらないのはいいが、**やりたいことのためにするやりたくないことから逃げていたら何もできない。**覚悟を決めてやれ。

もちろん、努力をすれば絶対に成功するわけじゃない。正直な話、成功には運やツキも必要だ。だが、努力しなければ絶対に成功はできない。成功している奴らはみんな努力している。これは間違いない。

成功したい、何かを成し遂げたいという意志があるなら、**「努力する」という選択肢しかないんだよ。**努力しなければ成功する可能性は0％だ。成功の可能性がゼロの道を行くのか、それとも成功の可能性がわずかでもある道を行くのか、あなたはどちらも選択できるわけだけど、そんなの一択だよな？

人生は短い。やりたいこと見つけたら遊んでる暇はねえ。ズルや犯罪は除いて、成功するために必要なことは全部やれ。目標に向かって努力する日々はエキサイティングだぞ。

ただ勘違いしてほしくないのだが、俺は全人類が努力しなければいけないだなんて思ってないし、のんびり暮らすのも生き方の1つだと思っている。がんばりたい人だけがんばればいいし、がんばりたくない人はがんばらなくてもいいと思っている。

だが、資本主義が支配しているこの世の中、努力しない人はいい生活が享受できない可能性が非常に高い。ベーシックインカム（すべての国民に対して、一定額を支給する政策）が導入されそうな気配もまだないしね。

だから、俺は人々にはよりよい生活のために努力してほしいと思っている。そこんとこよろしく。

85

人を褒めまくると、決める

人を褒めることにはメリットしかない。

（1）他人を褒めると、**褒められたその人はいい気分になる。**いい気分になった人は、あなたによくしてくれる。

（2）褒められていい気分になった相手を見て、**「自分はなんて素晴らしいことをしたんだろう」**と自分も気分が良くなり自尊心も高まる。

（3）人を褒めることを意識するようにすると、**他人の悪いところよりもいいところを探す癖がつく。**すると、他人の悪い部分が気にならなくなる。

（4）他人のいいところが目につくと、**「自分はなんていい人たちに囲まれているんだろう」**

と幸せな気分になれるしその人たちを大切にしようと思える。

なんてワンダフルなのだろう。すべては人を褒めるという単純な行為から始まるポジティブな循環だ。褒めないともったいないったらない。

褒めることの重要性は上司と部下の関係でも同じだ。褒めて伸びるタイプと叱って伸びるタイプがいるというが、叱られても潰れないタフな人間が稀にいるだけで、だれだって叱られるのは嫌で、褒められて伸びたいに決まっている。

指導する側としては上から押さえつけて叱るほうが楽だけど、褒めたほうが圧倒的に人は楽しくのびのびとできるのだから、とにかく人を褒めるを基本方針にしよう。

〝叱る〟という行為を有効にするためにも褒めることが大切だ。**子どもでも部下でも、叱る倍は褒めろ。**ミスばかり叱られて普段のがんばりや成果は褒められなかったらどう思うだろうか？　反発したくなるよね。普段からたくさん褒めて「ちゃんと見てるよ」とアピールして、信頼関係を築くことで初めて叱るときも話を素直に聞いてもらえる。ただ叱ればいいってわけじゃない。叱る権利がほしければ倍褒めよう。

86

他人はみな教師と、決める

心から尊敬できる人はそこら中にいるわけじゃない。というより、**どんな人にも「良い面」と「悪い面」がある。**

尊敬できるところもあれば尊敬できないところもあって当然だ。すべての面で相手のことを尊敬できなくてもまったく問題ない。

相手のある一面が尊敬できないからといって、簡単にその人との関係を断ってしまうのはとてももったいないことだ。

それよりも、相手の尊敬できる面はそのまま素直に見習って、尊敬できないところは同じような過ちを犯さないように反面教師にしてしまえばいい。そうすれば、出会う人すべてを自分の教師にできる。

「他人はみな教師」という姿勢で人と付き合うと超スピードで成長できるぞ。それに、相手の気に入らない言動を目にしても

「自分はああいう言動はしないようにしよう。ヒントを与えてくださってありがとうございます。自分は同じ過ちを犯さぬよう気をつけます」

と考えられるようになればイライラが抑えられる。

尊敬できる人からは良い刺激を受け、尊敬できない人からは徹底的に学べるようになれば、あなたは完全無欠のスーパー人間に近づいていける。

87 気乗りしない誘いは断ると、決める

気乗りしない仕事や誘いを受けたとき、あなたならどうするだろうか？　無理して参加する？　すぐに断るのは失礼だからしばらく時間が経ってから断る？　同調圧力の強い日本では断ることが苦手な人が多く、「すぐに断る」というオプションが取れる人はなかなか少ないのではと推測するが、「すぐに断る」こそが相手のためにも自分のためにもなる最良のオプションであるということを強く主張したい。

仕事や誘いを断るのは、早ければ早いほどいい。「すぐに断ったら失礼かな？」「あまり気乗りしないからあとで断ろう」と、返答を先延ばしにするのは最悪だ。

返事を先延ばしにされると、人材の確保、参加人数やスケジュールが確定できなくて相手も困るし、一度その気にさせてしまうから結果的に期待を裏切るようなことになりあな

たの印象も悪くなる。

それに、きちんと回答するまで「断らなきゃな……」という余計なプレッシャーを自分の中に抱えることになるから精神的な負荷もかかる。断るのを忘れてしまう可能性だってある。

気乗りしない仕事や誘いは、できるだけ早く断るのが礼儀なのだ。そのほうが相手も助かるし、自分も楽だ。

とはいっても、2秒で断ったらさすがに相手も傷つく。そこで、**若干の演技と遊び時間を入れてみよう。**対面だったらスマホのスケジュールを確認しながら必死でスケジュール調整を試みたフリをしながら残念そうにお断りする。

電話やメールだったら相手に「スケジュール確認して30分以内に連絡します」とお伝えして20分後ぐらいに残念そうにお断りする。というのが俺のよく使う方法だ。

今後俺が残念そうに仕事や誘いを断るたびに「コイツ、残念そうなフリするルーティーンやってやがる」と思われるリスクを背負って皆さんにお伝えしたので、どうか無駄にしないでほしい。

88

やりたいことはすぐにやると、決める

悪いことはいわない。やりたいことやっとこう。

人間がこの世を去る直前にどんなことを後悔するのかを調べたデータは山ほどあるが、そのどれでも上位にランクインしているのは「もっと自分がやりたいことをやっておけば良かった」ということだ。

〝愚者は自分の経験に学び、賢者は他人の経験から学ぶ〟

もはやだれが最初にいったのかすらわからないぐらい有名な言葉だが、先人に学ばないことはあまり賢い選択とはいえない。

先人が**「やりたいことやらないと後悔するよ」**と身をもって教えてくださっているのだからそれに学ばない手はないだろ？

人生一度きりだ。やりたいことがあるなら迷わずやれ。法を犯さない限りだれに遠慮する必要もない。

「あのとき、あれをやっとけばなー」とか思いながら生きたくないだろう？　少なくとも、俺は絶対にごめんだ。

人間はやって後悔することなんてほとんどない（でも、今後の人生に悪影響を及ぼし続けるようなあまりにも愚かな選択はするなよ）。

やったら少なくとも結果はわかるからスッキリする。だが、やらなかった後悔はいつまでも心の中に残り続けるぞ。

挑戦する勇気が湧かないって？　失敗しても死ぬわけじゃねえから心配しなくていい。

成功すりゃ武勇伝、失敗すりゃ笑い話が手に入ってどっちに転ぼうと大成功だ。**本当の失敗は自分の気持ちを押し殺してしまうこと。**

さて、押し殺していた気持ちを解放しようか。やりたいことやろうぜ。

89

運は自力で引き寄せると、決める

よく、成功者やお金持ちの人たちは「自分は運が良い」と口にする。

だが、「自分は運が良い」といっている人は、本当に運が良いわけじゃない。彼・彼女たち自身すらそれに気づいていないケースがあるが、彼・彼女たちは運を自ら引き寄せてつかみ取る習慣と実力を持っている人たちだ。

うまい話やチャンスというのはなんの努力もしていない人間のところにいきなりやってきたりはしない。

もし万が一そういう人間のところにうまい話がやってきたとしても、そいつはそれがうまい話やチャンスだと気づかない。あるいは気づいたとしてもチャンスをつかみ取る実力がなくて話にならないだろう。

運とは、たゆまぬ努力がチャンスと出会ったときに初めてつかみ取れる希少なものだ。

日頃から努力していたり、何かに挑戦していたり、勉強を続けていたり、人徳があったり、広い人脈を持っていたりする人は、何もしていない人よりもはるかに多くの運と出逢う。

そして、努力している人はその運をつかみ取ることもできる。日頃からコツコツ準備をして実力を身につけているからだ。

運とは、「良い習慣」と、それによって培《つちか》われた「実力」の賜物《たまもの》だ。運が良い人は今後の人生もずっと運が良い。

運が悪い人。**運が悪いのを運のせいにしないこと。**

人生がうまくいかないのが運のせいだったらどうしようもないでしょ？　習慣なら変えられるし、実力ならつけられる。

90

先に謝罪すると、決める

謝るのが苦手な人は「謝罪＝負け」だと認識している場合が多いが、そんなことはない。謝罪は相手の怒りを速やかに鎮めて問題を解決し、関係を良好に保つための手段の1つだと考えよう。

だれかと揉めているとき、「どちらが悪いのか」を考えるのはナンセンスだ。あなたの目的が「相手と早急に仲直りすること」であるならば、**どちらが悪いかなんてどうでもいい。**大事なのは早急に話し合いのできる状態まで持っていくことだ。

それには、「早急な謝罪」がもっとも有効だ。そうとわかればさっさとあなたから謝罪をしてしまえばいい。自分が悪くない場合でも問題の責任が自分にあるとは認めずに謝る方法なんていくらでもある。

問題の原因、追究はとりあえず横に置いておいて、**「あなたを怒らせてしまってごめんね」「こんな気分にさせてしまってごめんね」**と謝ればいいのだ。

どっちが悪いとか関係なしに相手の気分を害したのは事実なんだからそこは素直に謝ったってなんの問題もない。

こういうトラブルが起きたときは、トラブルの原因をつくってしまった側のほうがプライドが邪魔して素直に謝れないケースが多いもんだ。そんなときに「自分は悪くないから」とあなたまで安いプライドを守ろうとして謝罪しないでいると、問題が長引いて関係が悪化してしまうぞ。

たいていの場合、揉め事が起きたときに先に謝るのは弱い人間ではなく、むしろ器のでかい強い人間だ。

問題が起きたときこそ大人の余裕を見せろ。潔く謝ってものごとを先に進められる人間はカッコいいぞ。

91

運命には従わないと、決める

「努力は実らない」とか「才能の前には努力など無力」という言葉がある。まあ実際のところそれも一理ある。たしかに世の中には努力ではどうにもならないこともあるし、とんでもない天才だっている。

ただ、努力すれば不可能などない。努力は才能を凌駕する。……**そう考えて生きたほうが自分の未来が夢と希望に満ちあふれて楽しくないか?** 少なくとも俺は人生を楽しく生きたいから「努力すればなんでもできる」と思って生きているし、だからこそ自分のやりたいことに全力で努力できている。

努力すれば人生をより良くしていけるという確信があるので、人生を楽しめるか否かは運命ではなく己次第だとも思っている。人生を良いものにするか、悪いものにするかは、己の意志でコントロールできると思っているわけだ。そっちのが楽しいから、あなたにもそう思ってほしい（この考え方が苦しいなら、正解は1つじゃないからあなたはあなた自身の考えを持ってくれ）。

そもそも**努力ってのは、「持たざる者」に与えられた最後の武器だ。**たしかに生まれつきの才能や環境に差はあるかもしれないし世の中は不公平だけど、それをひっくり返す最終手段となるのが不断の努力だ。

「才能もない。努力もしない」だったらそりゃ何もできるわけがない。努力は何をする上でも絶対に必要なものだから、「努力しても無駄」なんて考えを持っていると人生の妨げになる。努力を否定することは、人生を悲観することも同様だ。

才能がない？　環境が悪い？　たとえそれが事実だったとしても運命を黙って受け入れてやる必要なんてない。運命なんてのは己の力で人生を切り拓いていく覚悟がない奴の言い訳だ。

運命？　そんなもん努力で捻《ね》じ曲げろ。

92

自分の機嫌は自分で、決める

ちょっとしたことで1日が台無しになってしまうことがあるなら1つ意識してみてほしいことがある。それは、あなたの人生にはいくつかの項目があるということだ。

人間関係、恋愛/結婚、健康、経済的状況、仕事、家族、趣味等、あなたの人生は複数の項目により構成されている。これらのうちの1つや2つが崩れても全体的なバランスで見るとあなたの1日は順調だといえるのに、たった1つでも崩れると不幸に感じたり不機嫌になってしまうのは非常にもったいないことだ。

ちょっとしたことで1日が台無しになってしまう人は、1つの項目に精神を支配されてしまいがちだ。たとえば、恋人とうまくいかないからといって不幸になってしまう人。たとえば、仕事がうまくいかないからといって不機嫌になってしまう人。全体的なバランスで見ると人生は極めて順調なのに、些細なことで不幸になったり不機嫌になったりしていてはは精神が安定しない。すべてがうまくいっている状態など人生においてないのだから、そんなことでは生きている間ずっとストレスを感じ続けることになる。

厄介なことに、1つや2つの項目がうまくいかないからといって不幸に感じたり不機嫌になっていると、ほかの項目にも悪影響を及ぼしてしまう。仕事がうまくいかないからといって家族に強く当たってしまったり、恋人にフラれて仕事のモチベーションをなくしてしまったり、いくらでも例は挙げられる。

各項目は別個のものと考え、**1つの項目がうまくいかないときはうまくいっている項目に注目し、自分の人生は順調であると認識することが大切だ。**たった1つの項目がうまくいかないからといって、焦る必要も、不幸に感じる必要も、不機嫌になる必要も一切ない。

恋人とケンカしちゃったけど、健康だし仕事は絶好調。仕事で失敗しちゃったけど、夫／妻との関係は最高。病気になっちゃったけど、貯金はあるし支えてくれる家族もいる……でいいのだ。嫌なことがあると嫌なことに集中してしまいがちだが、**嫌なことがあったときこそ自分の人生の良い部分にフォーカスしよう。**

93

仏の顔は二度までと、決める

嫌なことされても1回目は笑顔で許せ。

2回目で警告しろ。

3回目でやり返せ。

やられるたびにやり返していたらキリがないが、やり返さないと弱者認定されてやられ続けることになる。

1～2回は許してやればいいが、優しさは弱さと勘違いされやすいので2回目で警告、3回目でやり返す必要がある。

悲しいかな、世の中には優しさと弱さを勘違いする人たちがたくさんいる。

1～2回は許してやればいい。

が、**3回目以降は容赦なくやり返せ。**

「目には目を歯には歯を」のちょっとだけ優しいバージョンだ。優しさだけじゃ生きていけない世の中、仏の顔は二度までで十分だ。

94

自分の可能性は自分で、決める

何かに挑戦しようとすると、「君には無理だよ」「そんなの不可能だ」とあなたの挑戦に否定的な意見をいい、あなたの意欲を削いでくる連中が必ずといっていいほど出現する。

必ず出現するからどうすべきか先にいっておくな。

無視だ。ガン無視。

そいつら神さまじゃないんだからそんな発言にはなんの効力もないよ。

その発言でわかるのはそいつらが、「自分には無理だ」「私には不可能だ」と思っていることぐらいだ。

そう思っているからこそ、あなたにもできるはずがない、あなたにできてもらっちゃ困る、と思ってそんなことを言ってくる。

自分にできないことをだれかにされたら悔しいからな。その気持はわかる。でも、できないと思って何もしないのは勝手だけど、挑戦しようとしている人間の邪魔をするのはどうかと思う。

せめて隅っこで大人しくしとけ。やる気ある奴のやる気を削ぐなよって話だ。

そもそもできるかできないかなんてやってみなけりゃ絶対にわからない。だったら、**「自分ならできる」「不可能なんてない」**と思ってやってみるしかない。

いいか、自分の可能性を他人に決めさせたらダメだ。自分の可能性を決めるのはあなた自身だ。できるかできないかを決めるのはあなた自身だ。

たとえ親だろうが、尊敬する人だろうが、あなたの可能性を勝手に定義する言葉に耳を傾けるな。

自分の可能性を定義できるのは己のみ。これを忘れるな。

95

仕事は「好き」か「得意」かで選ぶと、決める

仕事をするなら「好き」か「得意」なものから選ぼう。

好きなことはいずれ得意になるし、得意なことはいずれ好きになる。好きでも得意でもないことを仕事にするのはあなたが持っている才能の無駄遣いだ。嫌で苦手なことをするのはストレスの原因になる。

もちろん、生活していくためには、「好き」でも「得意」でもない仕事をせざる得ない状況があるのもわかる。でも長期的な視点に立てば、「好き」か「得意」を仕事にしたほうが専門性や希少性が獲得でき、それは給与のアップに繋がるため、経済合理性で考えても「好き」か「得意」を選ぶことをお勧めしたい。

そもそも、仕事をしている時間は人生の大半を占めるのに、その時間をずっと好きでも

得意でもないことに費やすのは苦しすぎる。もちろん給与もメチャメチャ大事だが、それと同じぐらい

仕事が楽しいか否か

仕事が好きか否か

やりがいがあるか否か

尊敬できる同僚がいるか否か

Ｅｔｃ…

だって大事だ。**人生は楽しんだもん勝ちなんだから、情熱を持って打ち込めたり、ドヤ顔で自信満々にこなせる仕事をするほうが絶対に楽しいだろ。**

仕事の充実＝人生の充実といっても過言ではない。それには、「好き」か「得意」を軸に仕事を選ぶこと。すでにそうでない仕事を選んでしまった人も大丈夫。人生１００年時代、学んで転職、学んで転職、を繰り返すことが当たり前の時代になる。

いまからでも遅すぎるなんてことはない。ただ、動き出すならなるべく早くな。人生で一番若いのは常にいまだ。

96

過去の自分と決別すると、決める

「自分を変えたい」「自分の人生に満足していない」。もしあなたがそんなふうに思っているのなら、俺はあなたにおめでとうといいたい。

自分を変えられるのか？　人生を変えられるのか？　という不安はあるだろう。だが安心してほしい。**「変えたい」という意志があるのならあなたは必ず変わることができる。**

自分を変えるのに必要なのは変わりたいという意志、それとほんのちょっとの勇気と行動だけだ。

そして、自分を変えることに成功したらあなたはあなたの理想とする人生も手に入れることになるだろう。

意志、勇気、行動がそろい、自分を変える道を歩みだした瞬間に人生は輝きだす。覚えておいてほしい、明日を良くするも悪くするもすべては己次第だ。明るい未来はすでにあなたの手の中にある。

もちろん、「自分を変える」というのは生半可なことじゃない。自分を変えるということは、己自身に革命を起こすということだ。キューバの革命家チェ・ゲバラは「一発も撃たずに革命をする気かね？」といったとされるが、自分を変えるには自分自身に銃口を突きつけ引き金を引かねばならない。

過去の自分と決別するのだ。最初は怖いだろう。痛いだろう。だが、平穏が訪れるのは、最高の人生が訪れるのは自己改革に成功したあとだ。

まずは覚悟を決めて行動を起こせ。あなたにはその力がある。もう一度いおう。必要なのは意志、勇気、行動のみ。

自分を変えたいと思った時点であなたには意志がある、勇気と行動は意志さえあれば振り絞れる。武器はもうすでにすべて揃っている。自分の力を信じろ。大丈夫。あなたならやれる。

97

「なんとかする」と、決める

勘違いしている人が多いが、なんの考えもなしに「なんとかなるさー」とお気楽に構えるのをポジティブ思考とは呼ばない。

それはただの思考停止だ。能天気ってやつだな。

こうやって書くとストレスがない考え方のようにも見えるが、思考停止していると人生はうまくいかないので後々とんでもないストレスに襲われることになる。

本当のポジティブ思考っていうのは、最悪の事態を想定した上で、**「それでも自分ならなんとか打開できる」**と信じて突き進める思考のことをいう。

「なんとかなる」ではなく、「なんとかする」なのだ。

前者には「だれかがなんとかしてくれる」「奇跡が起こる」という他人任せな甘い考え

が背後にある。

後者には甘い考えなど一切ない。ものごとがなんの問題もなく進むことなんてないと理解した上で、**それでも自分ならどんな問題が起きても解決できる、**なんとかしてみせるという強い覚悟を持って前に進み続ける。

それこそが真のポジティブ思考を持つ者の姿だ。前に進み続ける奴だけがほしいものをつかみ取る。

ポジティブ思考でやっていこうぜ。

98

悪口陰口嫌がらせは気にしないと、決める

悪口陰口嫌がらせなんて、すべて暇人のやることだから気にしなくていい。

プライベートも仕事も絶好調で超ハッピーな人がわざわざ他人のことをチェックしてケチつけたりしないよね？　自分がうまくいってなくて不幸で暇な奴が悪口陰口嫌がらせなんてする。だからね、悪口陰口嫌がらせをされたときは「おう暇人！　お疲れ！」って思っときゃいいんだ。相手しても損するだけ。

とはいっても、やっぱり気になってしまうのが人の性《さが》。ということで、悪口陰口嫌がらせに反応しないコツを伝授しよう。

その方法はズバリ、**悪口陰口嫌がらせを釣り針だと思うこと。**

「反応する＝釣り針に食いつく」だとイメージしてみてほしい。言い返す、傷つく、ムカ

ッとする、ストレスを溜める等々、なんらかの反応をしてしまった時点であなたは釣り針に食いついたことになる。食いついた瞬間、あなたが損することが確定する。

考えてもみてくれ。悪口陰口嫌がらせする奴らの目的はまさにあなたを怒らせたり悲しませたりすることなんだ。思惑《おもわく》通りに針に食いついてやる必要あるか？　ないよな。

逆にいうと、反応さえしなければ陰口悪口嫌がらせはあなたになんの影響も与えることもできない。

「あー、左斜め上に釣り針があるな。気になるけど、無視すっか」

と冷静に対処できるのであれば、釣り針はあなたに何もできない。食いつかなければ釣り針なんて恐れることはないのだ。反応さえしなければ、悪口陰口嫌がらせなんて無力なのだ。

あなたの敵にあなたを傷つけるパワーを与えるな。釣り針を見つけたらさっさと遠くに逃げろ。釣り人は魚が釣り針に食いつくまで魚に何もできないように、悪口陰口嫌がらせする奴らもあなたが食いつくまでは何もできない。

無視し続ければなんの収穫もなく去っていくだけだ。反応しないと、決めろ。

99

自分の気持ちに素直になると、決める

悔いのない決断をするために必要なことは、たった1つだ。自分の気持ちに素直に従うこと。これだけ。

人生の大きな決断、たとえば進学や就職の際には、他人があなたの決断にあれこれ口出ししてくるだろう。家族の期待に応えるためであったり、世間に溶け込むためであったり、さまざまな理由で多くの人が自分の気持ちを押し殺し、周りがいうがままの進路に進んでしまう。

これは後悔への第一歩だ。経済的に成功しようが、世間的に認められようが、己の気持ちを押し殺した決断は必ず後悔を生む。

自分の気持ち以上に大切なアドバイスなんてものは存在しない。考えてもみてくれ。他人はどんな結果になってもあなたの人生の責任を取ってくれるわけじゃない。結局、自分の人生に責任が取れるのはあなたしかいないんだ。

あなたの気持ち、能力、目標、適正等をあなた以上に理解している他人なんてこの世にいない。他人の意見を鵜呑《うの》みにすることがどれだけバカバカしいことかわかるだろ？　他人の意見に従って決断をして、それで失敗したって、その人を責めることはできないぞ。最終的に「その人の意見に従う」っていう決定をくだしたのはあなた自身だ。責任はすべて自分にある。

もちろん、他人の意見を参考にするのは良い。むしろ、人生の先輩とか経験者からのアドバイスは素直に感謝して受け取ろう。

でも、それに従うか否かは自分の頭で考えて決めろ。

何度でもいうが、**決断の際に自分で考え抜いて出した結論とフィーリング以上に大切なものなどない。**

あなたが後悔しない決断をできることを祈っている。

第7章

筋トレする

筋トレしろ!!!!!!!!!!

100

筋トレする

この本ではここまで、あなたのストレスが限りなくゼロに近づき、人生を充実させる考え方を99個提案してきた。どれもいますぐ実践できてあなたの人生を向上させる素晴らしい提案だと俺は自負している。

でもやっぱり、具体性という点ではこの方法には敵わないかもしれない。最後のアドバイスになるが聞いてくれ。

筋トレしろー!!!!!!!

筋トレは万能だ。筋トレ（筋トレに付随する食事管理と睡眠管理も含む）すればホルモンバランスや自律神経のバランスが整いストレスが軽減し（元も子もない話だが、思考を整えるよりもまず第一にやらなければならないのがホルモンバランスと自律神経を整えることだ。それには規則正しい生活と適度な運動がベスト。もっとも費用対効果の高い自己投資なので、この本のアドバイスをすべて聞けとはいわないからこれだけは徹底してくれ）健康が手に入り、日々成長する自分を好きになり自己肯定感が向上し、理想の体型が手に入り自尊心が向上し（自分の体型が好きになれないというのは自尊心の欠如のメジャーな要因だ）、力が強くなれば自信がつくし、怖い上司も取引先もいざとなれば力づくで葬《ほうむ》れると思うと得られる謎の全能感が手に入るし、筋トレは1人でできるので「まあ、ダンベルと筋肉がいるからいいや」と過剰に他人の目を気にすることもなくなり……このままいくと1冊本が書けてしまうのでこの辺にしておこう。

とにかく筋トレは素晴らしいぞ‼

俺は今日も筋トレに行く。いつか機会があったらジムで会おう。バイバイ！

Testosterone
（テストステロン）

1988年に日本で生まれ、高校生の時に渡米し大学を卒業するまでアメリカンライフを謳歌し、現在はアジア全域に生息する筋トレ愛好家。高校時代は110キロに達する肥満児だったが、高校2年生の時に渡米した際に筋トレと出会い40キロ近いダイエットに成功する。自分の人生を変えてくれた筋トレと正しい栄養学の知識が広まれば世界はより良い場所になると信じて、あの手この手でただひたすらに啓蒙活動を続けている。Twitterで良い感じの人生観を呟きがちで、やたらとフォロワーが多い。

@badassceo

ストレスゼロの生き方
［KIZUNA COMPACT］

2023年7月15日　第1刷発行
2023年9月25日　第2刷発行

著者　Testosterone
発行人　櫻井秀勲
発行所　きずな出版
東京都新宿区白銀町1-13　〒162-0816
電話03-3260-0391　振替00160-2-633551
https://www.kizuna-pub.jp
印刷・製本　モリモト印刷
ブックデザイン　金井久幸／松坂健［ツー・スリー］
イラスト　福島モンタ

978-4-86663-208-7